Georg Hermann

Die deutsche Karikatur im 19. Jahrhundert

Georg Hermann

Die deutsche Karikatur im 19. Jahrhundert

ISBN/EAN: 9783955641160

Auflage: 1

Erscheinungsjahr: 2013

Erscheinungsort: Bremen, Deutschland

EHV
HISTORY

Die deutsche Karikatur

im 19. Jahrhundert

Von

Georg Hermann

Mit 6 Kunstbeilagen und 177 Abbildungen

Bielefeld und Leipzig
Verlag von Velhagen & Klasing
1901

Druck von Fischer & Wittig in Leipzig.

Vorwort.

Es soll in Folgendem der Versuch gemacht werden, einen Überblick zu geben über die wichtigsten Erscheinungen der deutschen politischen und sozialen Karikatur, sowie unserer humoristischen Zeichnung im neunzehnten Jahrhundert.

Und wenn es vielleicht sich ermöglichen ließe, zu erkennen, welche Bahnen diese Schaffensart technisch, geistig, künstlerisch durchlaufen hat; wenn es gelingen sollte, hie und da den Kontakt mit der Zeitgeschichte zu bestimmen; wenn es glücken sollte, einmal die Rolle zu umschreiben, welche die Karikatur im Leben einer Epoche gespielt hat, glücken sollte, zu verstehen, wie in ihr die feinen Äußerungen des gesellschaftlichen Beieinander, der Geistes- und Gemütskultur Deutschlands Widerhall gefunden haben, und wie in ihr das zu festen Formen erstarrte, was sonst der rasche Tag hinweggerafft hätte, — ich meine all das, was neben der Geschichte ist, und eben zu zart, zu flüchtig, zu wechselnd, als daß es Klio mit ehernem Griffel in ihre ehernen Tafeln ritzen könnte . . . wenn es glücken sollte, einem oder dem andern dieser Dinge nur annähernd gerecht zu werden, so will der Verfasser mehr denn zufrieden sein.

Aber zu guter Stunde sei es gesagt: um den Ruhm, ein brauchbares Nachschlagebuch zu schaffen, welches nur alles irgendwie wissenswerte Material enthielte, geizt er nicht. Der nach allen Seiten überquellende Reichtum des Stoffes ließe sich auch nicht in einem Büchelchen, wie dem vorliegenden — und sei es selbst in Gestalt der nüchternsten Nomenclatur — bändigen. Es kann sich darin nur um einen flüchtigen Überblick, einen kleinen Spaziergang durch dieses interessante Gebiet handeln.

So wird zwar das Werkchen des streng wissenschaftlichen Charakters entbehren, aber vielleicht wird es dennoch Freunde finden; allein schon deshalb, weil es sich mit einem Stoff beschäftigt, der in den letzten Jahren mehr und mehr in den Vordergrund der künstlerischen Anteilnahme gerückt ist, und der uns heute reizvoller und schätzenswerter, als je, erscheint.

Ich bin in meinen Arbeiten in freundlicher Weise durch Bibliotheken, Museen, Verleger, Sammler unterstützt worden und sage hiermit allen besonders aber den Herren Braun und Schneider, Bassermann (München), Herrn A. Hofmann und Emanuel Mai (Berlin) — meinen Dank.

Berlin, im Mai 1900.

Georg Hermann.

Abb. 1. Daniel Chodowiecki: Leiste mit Karikaturen. (Originalgröße.)

Die einzige Arbeit, welche bisher die gesamte deutsche Karikatur im Zusammenhange darzustellen sich bemüht, hat den französischen Kenner dieser Materie J. Grand-Carteret zum Verfasser. Sie erschien in Paris 1885 und beleuchtet infolgedessen noch nicht die letzte, so interessante Phase der deutschen Karikatur, welche sich fast wie absichtlich in Gegensatz zu der jeder früheren Epoche setzt. Das Werk Grand-Carterets hat den großen Vorzug, eine — wenn auch noch lückenhafte — so doch überaus fleißige und dankenswerte Zusammenstellung des Materials zu liefern und durch die biographischen Notizen über die Künstler, sowie durch einen gewissenhaften Katalog der periodisch erscheinenden und erschienenen illustrierten humoristischen und politisch-satirischen Blätter jedem Späteren viel Mühe und Arbeit zu ersparen. Während Grand-Carteret die Karikatur – man fasse hier diesen Begriff im weitesten Sinne, als Sammelwort für Darstellungen jeder Art, welche in der Absicht geschaffen sind, unsere Heiterkeit, unsere lachende Anteilnahme, unseren bitteren Spott, unsere Verachtung zu erregen; man nehme Sittenschilderung, wie politische Satire in ihm auf; ja selbst das zwecklose, liebenswürdige Spiel der künstlerischen Phantasie rechne man zu ihm — während der Franzose also die deutsche Karikatur, soweit die deutsche Zunge klingt, in den Rahmen seiner Besprechung aufnimmt, Deutschland, Oesterreich, Schweiz, wird der Schreiber nur die Arbeiten Deutschlands im neunzehnten Jahrhundert berücksichtigen. Wenn er trotzdem den Schweizer Toepfer in der Debatte zu Worte kommen lassen wird, so erscheint ihm dieser zuerst als Künstler von Interesse, und er muß als geistiger Ahne des größten niederdeutschen Humoristen und Zeichners Wilhelm Busch unserer doppelten Anteilnahme gewiß sein.

Was man dem Werk Grand-Carterets zum Vorwurf machen könnte, ist einzig und allein in der Herkunft des Verfassers begründet. Nicht, daß es irgendwie tendenziös färbte, — in diesen Fehler verfällt er nur selten, — aber wie ist es überhaupt denkbar, daß ein Mensch anderer Rasse volles, eingehendes Nachempfinden für alle Eigenheiten deutscher Arbeiten haben könnte; und wie kann es ihm möglich sein, sich in das einzuleben, was die intimsten Eigenheiten fremder Volksseele offenbart? Ja, uns, die doch Sprache, Denken, tausend Erscheinungen der Rasse, des Empfindens unbewußt miteinander verbindet, wie schwer wird es schon uns, den Witz, den Humor, die Karikatur einer vergangenen Epoche, läge sie nur fünfzig Jahre zurück, zu verstehen, sich da hineinzufinden; und wir haben doch schon durch Geburt vor jenen hierin einen Vorsprung voraus, den selbst das ernsteste Streben nicht wett zu machen vermag. Alles, was Grand-Carteret durch Arbeit und Gewissenhaftigkeit erreichen konnte, ist erreicht; und wenn er meines Erachtens trotzdem zum Verständnis der Bewegung nichts von Belang beigebracht hat, so hat das seine Begründung in einem Etwas, welches stärker ist als er.

Was in der Arbeit Grand-Carterets besonders vermißt wird, ist das Eingehen auf künstlerische Eigenart einzelner Zeichner, wie ganzer Epochen, und der Hinweis auf die fundamentalen Änderungen, welche die fortschreitende Entwickelung der Vervielfältigungsverfahren mit sich brachte. Ebenso scheint mir die Entwickelung und

Wandlung der humoristischen und satirischen Momente, die vollkommene Umgestaltung unserer seelischen Struktur im Laufe eines Jahrhunderts — das, was eigentlich der leitende Gedanke sein müßte, — nirgends hervorgehoben.

Abb. 2. Neujahrswunsch um 1800.
(Sammlung v. Lipperheide.)

Es wäre also eine ebenso verdienstvolle, wie schwierige Aufgabe, einmal eine Geschichte der deutschen Karikatur zu schreiben, in der die Entwickelungslinien deutlich gezeichnet wären. Der Verfasser müßte als Künstler, als Historiker, als kulturgeschichtlicher Forscher gleich verständnisvoll dem Thema gegenüberstehen. Dieses Buch fehlt uns, wie das liebe Brot; aber wer hätte wohl Mut und Fähigkeiten genug, um diese Herkulesarbeit zu bewältigen?

Und daß der leitende Gedanke dieser Entwickelung auch anderwärts nirgends betont wird, das ist es, was mich davon abhält, der Begründung und philosophischen Klärung der Begriffe nachzugehen, mit welchen wir uns hier befassen werden. Mit all den geistvollen, ästhetischen Erörterungen fördern wir nichts; denn nirgends ist berücksichtigt, daß der Witz, Humor, die Karikatur Wandlungen unterworfen sind, sich abnutzen, Neuem Platz machen; daß das, was vor fünfzig Jahren noch als komisch, humorvoll, karikaturistisch erschien, was die Menschen in Fröhlichkeit versetzte, uns nicht mehr lachen macht, in uns nicht mehr die Gefühle auslöst, welche erst den Dingen ihre Tendenz, ihren Gehalt geben. Ein Messer, mit dem man nicht mehr schneiden kann, ist und bleibt nur ein Stück Metall, und wenn es auch zehnmal die Gestalt eines Messers hätte. Und

Abb. 3—5. „Nürnberger Schimpfwörter." Um 1790.

ebensowenig, wie uns diese fernen Dinge heute noch ergötzen, würde von Früheren unsere heutige Heiterkeit und ihre Gründe begriffen werden. Was würde ein Jemand von vor hundert Jahren über uns denken, wenn wir vor einem Th. Th. Heine ihm sagten: Sieh' einmal: diese Linie erregt schon — nur als abstrakte Linie — durch ihre bizarre Bewegung eine Heiterkeit, oder ich finde in dem absichtlichen Mißklang dieser Farbenzusammenstellung einen geistige Behäbigkeit, alles, alles beeinflußt den Witz, scheint ihn in seinen Grundfesten umzuwandeln, und ich möchte es leugnen, daß Humor, Witz, Karikatur überall und stets von den gleichen Quellen unseres Geistes genährt werden und genährt wurden.

Gerade, daß sich all diese Deutungen so wenig mit der bildenden Kunst befassen, nirgends eine Analyse bildlicher Darstellung bieten, stets das geistige, aber

Abb. 6. „Herr Alt und Frau Jung." Handkoloriertes Blatt; um 1810. (Sammlung v. Lipperheide.)

Grund zum Lachen. Und so gut diese Dinge nichts Feststehendes in der Zeit haben, nur in ewigem Wandel, in steter Veränderung ihr Leben fristen können, ebenso sehr wird ihre völlige Verschiedenheit bestimmt durch örtliche Entfernung, ist sie den Unterschieden der Rasse unterworfen. Jedes Volk hat **seinen** Witz; überall äußert er sich anders, — allein schon der norddeutsche Witz ist dem Süddeutschen oft unverständlich, und der Norddeutsche möchte heute umgekehrt den des Süddeutschen flach und nichtssagend finden. Rassenerbteil, Bildungshöhe, Sittlichkeit, Denkschnelle, selten das rein ästhetische Moment betonen, macht es uns desto leichter, über sie hinwegzugehen. Nein, mich dünkt auch für unser Seelenleben gibt es keine Ewigkeitswerte, und mit dem Witz des Wortes und des Bildes ändern sich auch seine Ursachen und Wirkungen; lassen wir diese Frage offen, nur soviel: Weder scheint mir das Komische in einer Auflösung des Erwarteten begründet, noch möchte ich mich dem zuwenden, daß das Lustgefühl beim Komischen ein gemischtes ist, und daß es im Anschwellen, Überheben unseres Ichs dem Dargestellten gegenüber wurzelt, im Gegen-

Abb. 7. Matthieu Oesterreich: Gesellschaftsstudie 1752. (Verkleinert.)

satze zum Erhabenen, welches ein Verdrängen, Unterdrücken unseres Ichs hervorbringt. Gerade in der modernen Karikatur sind Momente hinzugetreten, welche meines Erachtens in keiner Deutung restlos aufgehen, und deren Wirkung auf mich von keiner der Erklärungen gedeckt wird, nicht von der eines Kant, Jean Paul, Vischer, noch von der moderner Psychologen, eines Hecker, Kraeppelin, Lipps.

* * *

Für die Zwitterstellung, welche die Karikatur in der Kunst einnimmt, indem sie in einer bestimmten Absicht geschaffen wird und vielfach Dinge gibt, die eigentlich in das Gebiet des gesprochenen Wortes fallen, die Grenzen der bildlichen Darstellung verschieben und überschreiten, — für diese eigentümliche Stellung scheint es mir nicht ohne Belang, daß viele Schriftsteller — Künstler des Wortes — bis in die modernste Zeit, bis auf Johannes Schlafs „geschundenen Pegasus", den Hang zur bildlichen Karikatur gezeigt haben, und daß wirklich oftmals hier eine starke Begabung mit der litterarischen Hand in Hand ging. Die Schöpfungen sind meist nicht reif genug, um hier Raum zu finden; selbst die bekannten Karikaturen

Schillers „Abenteuer des neuen Telemachs“ sind zu dilettantisch, um ernst beurteilt zu werden. Eigenartig, bizarr, von leichter Hand, zeigt sich vor allem nur Theodor Amadeus Hoffmann, in dem sicherlich das Zeug zu einem der merkwürdigsten Karikaturenzeichner des beginnenden neunzehnten Jahrhunderts gesteckt hat. Seine phantastischen Gestalten, — wie die des wahnsinnigen Kreislers, — sind Ausgeburten krankhafter Phantasie, Bilder eines zweiten Gesichts, grause Spukgestalten von satanischem Humor, wie sie schreckhaft starre Augen in Fieberträumen zu sehen wähnen. Gerade diese Note, welche wir z. B. in dem Spanier Goya, bei Jacques Callot und in dem Franzosen Felicien Ropps wiederfinden, ist bis heute der deutschen Karikatur fast vollends fremd geblieben, und doch möchte auch sie bei uns einer eigenen Entwickelung fähig sein.

* * *

Wir haben zu unterscheiden zwischen humoristischer und karikaturistischer Zeichnung. Die erste schafft tendenzlos, nur die eine Absicht kennend, uns ihr Lachen mitzuteilen. Sie will nicht beleuchten, aufreizen oder beruhigen, wandeln oder bessern, das Ethische tritt vollends hinter dem Ästhetischen zurück; sie treibt ein zweckloses, frei-künstlerisches Spiel mit den Dingen und will uns nur ihre Weltanschauung vermitteln, eben jene, welche man Humor nennt. Friedrich Theodor Vischer sagt vom Humor: Als poetische Thätigkeit bringt er ein Ganzes aus sich heraus, ein Kunstwerk, das von ihm durchdrungen ist, — und geistvoll trifft Vischer ferner seine Eigenheiten: „Der unendliche Widerspruch von Höhe und Niedrigkeit in der Menschenwelt, die rührend-komische Wahrheit, daß der große Mensch so klein, dieses weisheitsvollste Wesen so kindisch, schildert er erfinderisch in den individuellsten Kollisionen, aber immer (?) mild und mit Liebe. Der Humor ist voll Unschuld, aber es ist nicht die einfache Unschuld eines Kindes, sondern eine solche, die durch innere Wehen, durch Zerrissenheit,

Abb. 8. Spottbild auf die Gallsche Schädellehre. Um 1800.

Kampf, Schuldbewußtsein hindurchgegangen ist, und sich wieder mit ihrem Gott versöhnt hat. Diesen Kampf, die Erfahrung des Abfalls vom Unendlichen, die Erkenntnis des Bösen, die Zerstörung der jugendlich schönen Illusionen setzt der Humor allerdings voraus." Uns muß diese Auslassung um so wichtiger erscheinen, weil sie aus dem Jahre 1837 von dem Gleichen stammt, der im Jahre 1880 in Verkennung gerade dieser, hier so scharfsinnig gedeuteten Thatsachen, Wilhelm Busch Pornographie vorwarf. — Die humoristische Zeichnung ist es vorzüglich, welche schafft die intimen, für unsere Zeit eigentümlichen Kunstwerke, während der politischen Karikatur niemand intime Wirkungen nachsagen kann. Vischer bezeichnet die politische Karikatur in seiner Arbeit über satirische Zeichnung als „gemischte Kunst", und, als fürchte er einen Zusammenstoß seiner Ästhetik mit dem Leben, setzt er hinzu: „Hat man nur erst gründlich eingesehen, daß die Kunst mit Tendenz keine reine ist, so kann man ihr ohne Scheu, mit voller Überzeugung, ihr großes, geschichtliches Recht wiedergeben". Die Erörterung, welche sich hieran knüpfen müßte, ist müßig,

Abb. 9. Daniel Hildebrandt (Daniel Heß): Der Scharringelhof, Blatt 5. 1801. (Verkleinert.)

der steten Wandlung und Umgestaltung unterworfen ist, und welche am reinsten deutsche Eigenart ausspricht; sie hat bei uns die höchste künstlerische Form erreicht, im Gegensatz zu Frankreich, wo sich seit Mitte des Jahrhunderts besonders soziale und politische Karikatur in unerreichter Kraft und Vollkommenheit auslebt.

Die soziale Karikatur, welche erst ganz neuerdings in Deutschland mit dem klaren Bewußtsein des Klassenkampfes hervortrat, ist ein Bindeglied zwischen humoristischer Zeichnung und der mit politischer Tendenz, oder sie ist vielleicht nur als eine neue, vornehmere Form der letzten zu betrachten. Sie ordnet die agitatorischen Intentionen den künstlerischen unter, und gerade sie manche der beigegebenen Illustrationen werden zeigen, daß Kunstwert und Tendenz restlos ineinander aufgehen können, und daß in keiner Weise politische Karikatur, nur weil sie handelnd in das öffentliche Leben eingreift, eine subalterne Kunstübung ist; so wenig wie das Schaffen eines Schrankes nun eine niedere Bethätigung wäre, weil dieser Gegenstand neben ästhetischem Genügen noch praktischen Zwecken dient. Jedenfalls hat die politische Karikatur so, wie sie eine eigene Stelle im Leben einnimmt, auch eigene Gesetze in der künstlerischen Wirkung. Eduard Fuchs versucht in seinem „1848 in der Karikatur" die Rolle, welche diese in den politischen Wirren als Kampfmittel gespielt hat, zu schildern: doch ist es schwer und unmöglich, zahlengemäß die Richtigkeit der Ausführungen zu belegen. Besser wären diese Untersuchungen bei der Dreyfußaffaire angebracht gewesen, wo man einmal in Frankreich von Tag zu Tag den Einfluß der führenden Zeichner: Forain, Caran d' Ache, Ibels, Léandre u. s. f. im Pfſſt, Sifflet, Rire — auf die Stimmung der Massen hätte erkennen können. Die neuen Arbeiten Grand-Carterets streifen ähnliche Probleme. Eine im Wesen des politischen Bildes begründete Eigenheit ist es, daß sie fast stets auf Seite der Opposition, des Schwächeren, des Unterliegenden steht. Die deutschen Karikaturen, z. B. im Krieg 1870, sind geringfügig, in minderer Anzahl und ohne Stachel, während die Franzosen — als Besiegte — ihrer

Abb. 10. D. Chodowiecki: Liberté, Egalité, Sansculotte.

bittersten Spottlust alle Zügel schießen lassen und eine Unzahl Blätter von gewaltiger, wuchtiger Kraft geschaffen haben, — jedes ein aufstachelndes Kriegslied, flammend, voller Hohn und Verachtung. So wird die politische Karikatur ihren Höhepunkt stets in den Zeiten politischer Erregtheit haben, in ruhigeren wird sie dann wieder ebben, verflachen, um plötzlich wie eine Springwelle von neuem emporzuschnellen. Und schon diese Linie zeigt ihre Stellung im Streite der Mächte und Meinungen, ihre Wichtigkeit als Kampfmittel. Man könnte sie die Biblia pauperum des öffentlichen Lebens nennen. Wie sich die Armenbibel an die wandte, denen das geschriebene, gedruckte Wort kein Leben gewann, um zu ihnen mit der stärkeren Suggestion des bildlichen Eindrucks zu

Abb. 11. Daniel Chodowiecki: Wallfahrt nach Französisch-Buchholz.

Abb. 12. D. Chodowiecki: Pétion, Marat und das Fischweib.

sprechen, so wendet sich die politische Karikatur — vorzüglich die frühere, welche mit sogenannten „fliegenden Blättern", „Einblattdrucken" oder mit Plakaten das Land überschwemmte — agitatorisch an die breitesten Massen derer, welche nicht scharfsinnig den Bewegungen zu folgen verstehen. Und selbst denen, welche im politischen Leben stehen, will sie, wie in einer Anmerkung, einer glossierenden Fußnote zur Zeitgeschichte, noch einmal in schlagender Weise das vorführen, was hier das Springende ist. Kurz und klar will sie den Sinn erfassen, knapp und scharf ihn zum Ausdruck bringen. Sie will nicht mit uns unterhandeln, uns mit Gründen der Vernunft etwas beweisen, sondern sie will uns blenden, uns überzeugen, ehe wir nachdenken können. Der große Nutzen dieser Kunstübung also ist es, daß sie mit scheinbarem Spiel den indifferenten Massen eine starke Anteilnahme am öffentlichen Leben erhält. Ohne unsere satirisch-politischen Witzblätter würden sich die Leiter der Politik kaum heute einer solchen Volkstümlichkeit erfreuen.

Die Beleuchtungsart der politischen Karikatur hat etwas vom elektrischen Scheinwerfer, welcher hier breite Lichtmassen häuft, um sie gegen tiefschwarze Schatten noch greller wirken zu lassen. Diese Art der Beleuchtung zwingt die politische Karikatur in ihren Angriffen scharf und oft ungerecht zu werden, aber das ist eben in ihrem Wesen und ihren Zielen begründet, und man kann es ihr nicht zum Vorwurf machen. Das volle Bewußtsein der Ziele und des Wesens hat der politischen Karikatur in der letzten Zeit, in einem Jüttner, Feininger, Brandt, in den Franzosen Léandre, Forain einen ganz eigenen künstlerischen Stil gegeben. Die Zeichner lernen wie Volksredner Schlagworte münzen, schaffen Bilder, die sie suggestiv uns einprägen: sie schreiben Lapidarschrift, weisen monumentale Züge auf, schreiten im Gegensatz zu aller früheren Karikatur zu einer absichtlichen, kräftigen Einfachheit, Großzügigkeit fort, welche sich trefflich für die Wichtigkeit ihrer Aufgaben eignet: und die Zeit, in der die politische Karikatur, — wie Fuchs sagt, — „als Kampfmittel unterschätzt, in ihren Aufgaben verkannt, als Kunstwerk verachtet wurde", ist heute vorüber. Gerade die zum Stil gewordene Großzügigkeit zeigt uns, daß hier Fragen im Spiele sind, die hoch über dem kleinen Leben, über dem engen Kreise des Einzelnen stehen. Der Ton der politischen Karikatur klingt jetzt kräftiger und doch vornehmer, wie früher: man bewahrt einen gewissen Anstand dem Gegner gegenüber, und so witzlose, wüste — bildliche und wörtliche — Schimpfereien, wie sie die Fehden der Reformationszeit heraufbeschworen, möchte man heute anderen Gebieten zurechnen. Die Angriffe gegen einzelne Personen sind auch schon heute in der politischen Karikatur — im Verhältnis zu 1848, dem eigentlichen Geburtsjahr der deutschen satirischen und humoristischen Zeichner — seltner geworden: und selbst dieses bedeutet

Abb. 13. Silhouette zu Kortums „Jobsiade".

einen Fortschritt; denn man hat nicht mehr das bedrängende Gefühl, daß diese Leute in ihren Privatinteressen geschädigt werden, sondern daß, was man in ihnen dem Spott preisgibt, das ist das, was sie vertreten; sie sind nur die Schale, nicht der Kern. Die höchste Form der politischen Karikatur ist die, welche, ohne Persönlichkeiten

Abb. 14. J. H. Ramberg: Aus „Till Eulenspiegel“. (Verkleinert.)

hineinzuziehen, die Zustände geißelt; denn sie scheint sub specie aeternitatis geschaffen.

* * *

Humoristische und karikaturistische Zeichnung ist in Deutschland jüngeren Datums; daß wir zuerst einen eigenen Stil dieser Kunstübung aufweisen können, liegt kaum fünfzig Jahre zurück. Als verachtet hat sie lange Männer von echter Begabung von sich fern gehalten, und nur Talente dritten Grades haben sich in ihr bethätigt. Daß die meisten Einzelblätter politischer Satire namenlos erschienen sind, ist in der Lage der Dinge begründet; nur selten werden wir die früheren Zeichner feststellen können, oft ist es auch unmöglich, die Beziehungen zu ergründen; doch dann werden es meist Anlässe von geringfügigem Interesse sein, welche wohl der Spezialforschung von Nutzen, aber hier für uns in keiner Weise fördernd wären.

* * *

In der ersten Hälfte des achtzehnten Jahrhunderts finden wir keine deutsche Karikatur von irgend welcher Wichtigkeit, weder politisch noch sittengeschichtlich; es scheint überhaupt das Bedürfnis für sie bei den gebildeten Ständen vollends geschwunden zu sein, und nur die niederen Formen der Komik mögen beim Volk ihre

Abb. 15. Napoleonskarikatur 1813.

Freunde finden. Das politische Leben leidet an der großen Erschlaffung nach schwerer Krankheit: dem Deutschen ist die Lust am Lachen gründlich abhanden gekommen, versiegt mit den Quellen seines Spottes, und bis der deutsche Humor wieder ein eigenes Gewand bekommt, darüber vergehen weitere hundert Jahre. Solange leben wir fast nur von Anleihen bei den Nachbarn oder können uns doch nicht zu einem eigenen Stil ermannen. Der derbe, alte, deutsche Humor, der in den Steinmetzarbeiten des romanischen und gotischen Kirchenschmucks in tausend Formen seinen Ausdruck fand, der selbst im Spiel mit dem Grausigen, wie in Holbeins Totentanz, seine Überkraft offenbart, der in Fischart, in Sebastian Brandts Narrenschiff, in bösartigen, monströsen Satiren der Reformation seine Rechte behauptete, der in der alten Sage vom Reinecke Fuchs so viel Geist und Laune aufwies — er ist vollends vergessen, und wie er sich wieder hervorwagt, da ist aus seiner breiten, totschlagfreudigen Kraft eine armselige Spießbürgerlichkeit geworden, die nicht fähig ist, herzhaft zu lachen, noch weniger, herzhaft zu hassen. Jedes Band, das die politische Zerrissenheit verknüpfen konnte, fehlt, und das, was heute der deutschen Karikatur ihren Reichtum gibt, die Vielheit der Stämme, die Summe der Centren, welche sich unter einer Einheit zusammenfindet, stellt uns, solange diese Einheit fehlt, ihre tiefste Ohnmacht dar. Frankreich hat im Gegensatz zu Deutschland nur eine geistige Kraftcentrale: Paris, während sich in Deutschland eine Reihe von Stätten der Kunst und des Wissens entwickelt hat. Jede zeigt hier ein eigenes Gesicht, und doch werden alle heute von einem gemeinsamen Band gehalten. In dieser Vielheit ist die Größe und Zukunft deutscher Kultur zu sehen.

Allen politischen Ereignissen des achtzehnten Jahrhunderts gegenüber zeigt sich in der Karikatur eine merkwürdige Anteillosigkeit: selbst die Kriege Friedrichs des Großen finden nur ein geringes Widerspiel, und sogar noch die französische Revolution erreicht kaum eine eigene Berücksichtigung. Die Almanache bringen fast nur Nachbildungen englischer und französischer Arbeiten, und „London und Paris“, eine in Weimar erscheinende Publikation, ist naturgemäß nur mit fremden Blättern, vorzüglich von Gillrai, Cruikshank, Rowlandson ausgestattet. Die Schweizer Heß und Duncker sind die Hauptkünstler der politischen Zeichnung der Revolutionszeit. David Heß (1770—1843) steht im Stil ganz unter dem Einfluß der Engländer

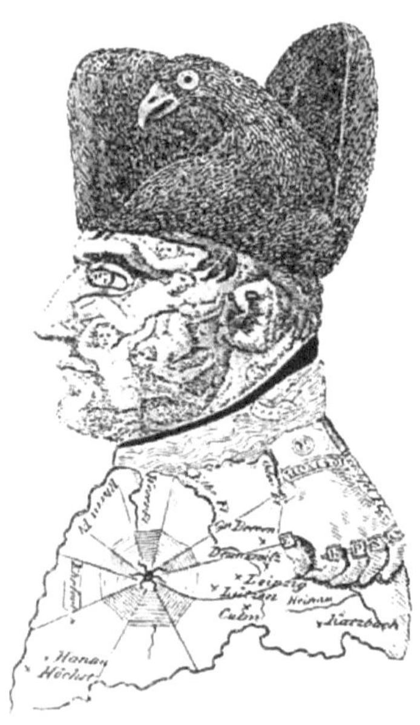

Abb. 16. J. M. Volz: Das wahre Porträt des Eroberers. 1813.

und hat selbst später an der Manier seiner Jugend festgehalten; und doch muß man ihn zu den befähigtsten deutschen Zeichnern der Epoche zählen. Die „Hollandia Regenerata“ (London 1799) befaßt sich mit der Verspottung der französischen Revolution und ihrer Errungenschaften. Sie ist von dem giftigen Witz, jener uns abstoßenden Gefühlsroheit, die auch noch der politischen Karikatur im napoleonischen Zeitalter eigen ist; aber gerade durch ihre scharfe Gehässigkeit, durch Wut und Verachtung wirken diese Blätter noch heute auf uns, besonders da sie auch zeichnerisch nicht uninteressant sind und den Engländern das manierierte, ausdrucksvolle Mienenspiel, die übertriebene Bewegung und das Dramatische des Vorganges gut abgelauscht haben. Diese Blätter sind verkleinert den deutschen Revolutionsalmanachen in Stichen von Schubert und Riepenhausen beigegeben und hier mit langen Erklärungen ad usum Delphini des deutschen Kleinbürgers zugeschnitten worden. In den Almanachen verstreut finden wir hie und da Karikaturistisches, doch wie mager diese Ernte ausfällt, zeigen am besten „Falks Taschenbücher für Freunde des Scherzes und der Satire“, die alles in allem herzlich matt sind. In Berlin sind es Funke und Niegelsohn, die hin und wieder ein Blatt gegen die Revolution nach englischen Vorbildern auf den Markt bringen. Während in der Litteratur der englische Roman, das französische Lustspiel bald verdrängt wurden, ist gerade in unserem Feld nur Nachahmung zu finden; oder die eigenen Erzeugnisse sind von so plumper Form, so handwerksmäßiger Mache, daß es sich kaum lohnt, auf sie hinzuweisen. Und doch lebt unter der Jahrmarktsware, den Neujahrswünschen (Abb. 2), den Blättern mit Ermahnungen, mit symbolischer Darstellung der Laster, der Kleinen wie der Großen, der Moden wie der Sitten, noch etwas wie ein Rest der alten Kraft. Künstlerisch bieten sie uns heute nichts mehr, und besonderen Witz können wir ihnen nicht nachsagen, und doch ist ein Etwas an ihnen, eine Unbefangenheit, die uns gewinnt. — Ein häufiges Motiv ist der arme Podagräer, der schon von Dürer und Hans Sachs her immer wieder daran glauben muß.

Abb. 17. Wellington und Napoleon I. 1814. Nach Cruikshank.

Alles verhöhnt den alten Sünder, und gibt er seiner schlimmen Laune Worte, erscheint er erst recht jämmerlich und willenlos.

Mich ärgert jetzt vor Schmerz die Fliege an der Wand,
Und da ich fressen will, bin ich es nicht im Stand'.

Abb. 18. J. M. Volz: „Da habe ich einen netten Bock geschossen. (Verkleinert.)

Einen weiteren Grund zur Heiterkeit geben altmodische Typen von Ärzten, gelahrten Herren, Bramarbassen, deren Kleidung und Gebaren, deren originell ernste, aufgeblasene Wichtigkeit den Spott weckt. Man schafft Gestalten, wie den Horribilescribifax oder den „achtbaren und übernatürlich studierten Herrn Vergilius Physiegangius von Grillenberg", der in sehr „tiefen Spekulationen und Meditationen wohlbedächtig und gemächlich die Straße betritt". Diese Blätter stammen meistenteils aus Augsburger Offizinen. Oder wir bewundern in der Sammlung „Nürnberger Schimpfwörter" (Nürnberg um 1790) den großen Reichtum an fraglichen Schmeichelworten, mit denen der lebhafte Franke seinen Mitmenschen zu bedenken liebt. Die Figürchen (Abb. 3, 4, 5) sind, wenn auch künstlerisch wertlos, so doch ganz lustig und geschickt ersonnen und geben gut und klar das Gewollte. Ganze Bilderfolgen erzählen von den Übelständen, die daraus erwachsen, wenn alte Männer junge Frauen, oder wenn umgekehrt junge Männer sich mit alten Frauen ehelich verbinden. Wie bescheiden dieser Witz! Bescheiden, wie die Ansprüche des damaligen Lustspiels, und sicherlich hat das Lustspiel hier Pate gestanden. Das beigegebene Blatt (Abb. 6) stammt aus dem Beginn des neunzehnten Jahrhunderts und zeigt deutlich französischen Einfluß. Es ist farbig, handkoloriert in zarten Tönen, in allem ein treffliches Charakteristikum der Zeit. Das Verhältnis der Menschen zur Landschaft — den Horizont in Höhe der Kniee — kann nur die Bühne gegeben haben: Schauspieler, die vor einer Kulisse stehen. Die Köpfe sind klein, die Körper überschlank und wie zugespitzt nach unten hin. Jede Stellung hat etwas Bewußtes, Ausgeprobtes, und gar der Amant mit den zu kurzen Armen und dem Tanzmaitreschritt ist vollends der jugendliche Liebhaber jener Zeit. Diese ganze gezierte Theatergrazie wirkt doch in ihren einfachen, geraden Linien, ihrer steifen Koketterie ungemein zart und gefällig.

Andere Blätter zeigen den Tod des Herrn Kredit, wieder andere kehren sich gegen die Verderblichkeit des Lottospiels, aber besonders zahlreich sind doch die, welche sich gegen die neue Reifrock-Methode und die neue Haarfrisur, die Toupets, wenden. Allen ist das gemein, daß sie das Bildliche durch langatmige, eingehende Erklärungen unterstützen, und dadurch wird das Beste den Blättern genommen: ihre

Das ist mein lieber Sohn, an dem ich Wohlgefallen habe.

Abb. 19. Napoleonskarikatur von 1815.

Wirkung durch sich selbst. Auch in Almanachen werden die Karikaturen mit breiter Geschwätzigkeit übergossen, und da sie vielfach noch an einer Überlastung mit Figuren leiden, von denen jede ihre Bedeutung haben soll, wirken sie durch dies Vielzuviel heute zerrissen und unerfreulich. In Lavaters „Physiognomik“ findet die Karikatur reichlich Berücksichtigung. Ja, jene Art, sich aus Tierköpfen durch langsame Umformung Menschengesichter von bestimmtem Charakter zu konstruieren, hat sich bis heute in den deutschen Witzblättern müßte, indem er in Kreise, Kreisbogen, Dreiecke Gesichter mit verdrehten, verdrückten Gesichtsteilen, mit schiefen Augen, übermäßigern Mäulern einzwängt und so nur eine Deformation erreicht, die uns mehr peinlich und bedrängend, als lächerlich erscheint) — mit unseren heutigen Begriffen deckt sich das keinesfalls. Auch die Fragen der Wissenschaft regen nur wenig die Spottlust der Zeichner an. Nur die Lavatersche Physiognomik und später die Gallsche Schädellehre sind es, die hier heftige Angriffe erfahren.

Abb. 20. J. M. Volz: Spottbild auf den russischen Feldzug.

als ein unschuldiges, humorloses Spiel mit den Formen bewahrt. Lavater stellte Regeln für die Karikatur auf und wandte sich besonders gegen die Künstler im Sinne Hogarths, welche von dem eine Karikatur schufen, was in der Natur schon Karikatur war. Ihm scheint die Karikatur als das Widerspiel des Häßlichen im Schönen, so z. B. sieht er sie in einer hervorragenden, unförmigen Nase in einem sonst edlen Gesicht; die Auffassung seiner Zeit mag hierin ausgesprochen sein (stellt doch François Grose in seinen Principes de caricature [Leipzig ohne Jahr] sogar wissenschaftlich in Tafeln auf, wie man Karikaturen zeichnen

War es Lichtenberg, der Lavaters überschätzte Theorien zusammenstürzen ließ, so ist es vorzüglich zeichnerische Karikatur, welche sich energisch gegen die schwindelhafte Ausbeutung der Gallschen Lehre auflehnte. Unsere Abb. 8 zeigt Gall auf der Bühne erklärend; die Eintretenden haben ihren Eintritt teuer genug an den Schädelkassen erkaufen müssen. Der Freimütige rührt die Trommel der Reklame, der Harlekin schwingt das Panier des neuen Jahrhunderts und weist auf den Gelehrten.

Nicht einmal das so reiche litterarische Leben, welches in Travestien, Parodien, Litteraturkomödien sein Gegenspiel findet, erweckt die Karikatur: selbst der Xenienkampf bietet nur ein Blatt von Bedeutung. Es ist den „Trogalien zur Verdauung der Xenien von Christian Fürchtegott Fulda“ beigegeben und stellt einen Zug von Narren und Gesindel dar, welcher an den Thoren Jenas Einlaß begehrt. Schiller mit Hetzpeitsche und Flasche klammert sich an den Schwanz des Satyr-Goethe, der gehörnt, bocksfüßig, einen Ring mit dem Wort „Tierkreis“ in die Höhe hält (s. Floege „Atlas der grotesken Komik“). Auch einen anderen Punkt greift die Karikatur jener Zeit häufig an: es ist das übertriebene, reich und vielfach ausgebildete Ceremoniell des gesellschaftlichen Umgangs, das sich von Frankreich aus den Höfen, von den Höfen den bürgerlichen Kreisen mitteilte. Ein Ceremoniell, das dem Deutschen im Wesen vollends widersprach, und das er doch überaus gelehrig, wie stets, aufnahm und weiterbildete. Ein Ceremoniell, welches das Schmeichler- und Schmarotzerwesen förderte, und die Offenheit zur Lüge umschuf. Der „Scharringelhof“ (1801) hat den Schweizer Zeichner David Heß zum Urheber, der sich hier unter dem Pseudonym Daniel Hildebrandt verbirgt (Abb. 9). Es zeigt den Abschied zweier ältlicher Herren, die vor Höflichkeit und Unterwürfigkeit voreinander ersterben. Der Witz, daß der Fortgehende bei der sechsten Position über die vor ihm liegenden Steine stürzt, ist nicht überaus geistvoll, aber er erscheint auch nebensächlich gegenüber der feinen Zeichnung der Typen und der witzigen Schärfe, mit der hier eine Modethorheit gegeißelt wird. Der Spötter Lichtenberg ist es auch besonders, der diese Rückenbeuger und Komplimentenmacher aufs Korn nimmt; und seine aphoristischen Studien „Bemerkungen vermischten Inhalts“ bieten manche Parallele zum Scharringelhof.

Welch ein Mangel, trotz Chodowiecki, an jeder sittengeschichtlichen Darstellung war, zeigt uns der Beifall, den Hogarth in Deutschland fand und der durch die Erklärungen eben jenes kleinen, witzigen Physikers, des vorzüglichen Kenners englischer Zustände, Georg Christoph Lichten-

Abb. 21. Gottfr. Schadow: Spottbild auf die Entsetzung Berlins. 1813.

Abb. 22. Gottfr. Schadow: Klage der Napoleonsfreunde nach seiner Gefangennahme.

berg, noch erhöht wurde. Und doch erscheinen uns diese Ausführungen (Göttingen 1794), so scharf und geistvoll sie immer sein mögen, von jenem Witz, der ein jonglierendes Spiel mit Worten und Begriffen treibt und oft Lehren hineingeheimnist, zu Betrachtungen überleitet, welche sicher dem bildenden Künstler fern lagen. Aber außerordentlich treffend sind doch manche Bemerkungen, so z. B. wenn Lichtenberg in der Erklärung des dritten Stiches aus dem „Wege des Liederlichen", des Blattes, das das äußerste an Völlerei, Bezechtheit und Sittenlosigkeit wiedergibt, ganz beiläufig bemerkt: „Dieses Blatt mögen diejenigen beherzigen, welche das Landleben nur aus Schäfergedichten kennen." Und in einen knappen Satz preßt er den Hauptunterschied zwischen dem hastigen Zusammenströmen in London und der kleinen deutschen Stadt des achtzehnten Jahrhunderts: „Mit Geld läßt sich in London aus jedem Zimmer alles machen, Bibliothek, Bildergalerie, Museum oder Harem — und das in kurzer Zeit." Wir vermögen heute in Hogarth kaum noch das Karikaturistische zu erkennen; wir bewundern den Sittenschilderer, der eine ganze Zeit mit ihren Lastern heraufbeschwört, der in starker Charakteristik die Typen auseinander hält, staunen über seine eingehende Kennerschaft der menschlichen Unzulänglichkeiten, wenn wir uns auch nicht enthalten können, die Gesten oder Affekte oft schauspielerisch zu finden; aber bei Lob oder Tadel scheint uns im letzten Grunde immer wieder und wieder doch das Moralisierende allzu hervorstehend, und das Gefühl der Heiterkeit oder der lächelnden Befriedigung wird unser nicht Herr.

Aber dieses Gefühl wird unser Herr bei einem deutschen Künstler, der uns aus dem Leben des Berliner Bürgers des achtzehnten Jahrhunderts — des Jahrhunderts der Originale, der verschrobenen, verknöcherten Käuze, der Freigeister und Schwärmer — seine Züge bewahrt hat, die, ohne im Sinne oder in der Darstellung gerade karikaturistisch, ja selbst absichtlich humoristisch zu sein, uns zugleich traulich und lächerlich erscheinen. Traulich — weil es etwas in sich birgt, das einmal unser war, und das uns das brausende Durcheinander der Moderne täglich mehr und mehr entreißt, so sehr wir es auch zurückerstreben: das ruhige Leben der Familie, die saubere, würdevolle Wohlanständigkeit, auch alltags jene seltene Sonntagsnachmittagsstimmung, in deren feierlich-engem Kreis gemach die lauten Wünsche entschlafen; lächerlich — weil es tausend unnötige Gewohnheiten züchtet,

Abb. 23. Alexander Orlowski: Modekarikatur. (Handzeichnungskabinett der Berliner National-Gallerie.)

Phlegma, Selbstüberhebung, Beschränktheit, Philistertum, Weißbier und Kannegießerei fördert, weil es die Frauen zu raffinierter Bestienfütterung, die Töchter zu Klaviergeklimper und Männerfang anhält, weil es der Indifferenz in jedem Sinne Vorschub leistet und oftmals Menschen hervorbringt, von denen man nichts sagen kann, als von jenem Greis in Gellerts Fabel: „Er lebte, nahm ein Weib und starb.“

Ja, und wenn dieses Künstlers Werk auch nicht einmal im eigentlichen Sinne humoristisch ist, wenn er bei aller Vornehmheit und Delikatesse doch stets kühl und ein wenig nüchtern bleibt — nüchtern wie das verstandesklare Preußentum —, so hat er doch die erste Vorbedingung des norddeutschen Humors: die Freude am Heim; bei aller Steifheit der äußeren Form: die seßhafte, verweilende Gemütlichkeit; ein behäbiges Betrachten, eine angewandte, klare, erkennende Philosophie, welche das einfache Leben liebt in allen seinen Äußerungen und sich in ihm einrichtet, so gut es geht. Steif und ruhig, verständig; eine kleine Freude am Witz, ein wenig spöttisch, wohl auch rührselig, wie es die Zeit mit sich brachte; im Wesen stark beeinflußt durch die Führer auf litterarischem Gebiet; begabt mit feinem, scharfem Blick für das Charakteristische und voll Liebe und Können, voll Geschmack und Anmut; ausgestattet mit einem außerordentlich malerischen Sinn, der sich in der Lichtverteilung seiner Kompositionen ausspricht — das ist Daniel Chodowiecki. Er, der ruhige Realist, ist der einzige, der alle intimen Dinge seiner Zeit uns bewahrt, in dessen kleinen, winzigen Blättchen — er schuf meist Illustrationen zu Almanachen — sich ein gut Teil vom Berlin der Fridericianischen Zeit krystallisierte. Trotz

Abb. 24. Alex. Orlowski: Modekarikatur.

Abb. 25. Gottfr. Schadow: Klatschbasen. (Sammlung Raczinsky.)

seiner Danziger Herkunft ist Chodowiecki einer der wenigen, spezifisch berlinischen Künstler, in allem — auch in seinem unglaublichen Fleiß, wie in seiner verstandesmäßigen Kälte; und was er versuchte: die Lebenswerte, das Kolorit der Stadt, ihrer Bewohner, ihr Zusammenleben in der Familie, wie in öffentlichen Bethätigungen auf der Straße, bei Volksfesten — all das künstlerisch mit einem Anflug von Ironie zu verarbeiten, das zu bewältigen ist immer wieder das Streben einzelner, bis herab auf Hans Baluschek, gewesen. Und gerade jener Anflug von Ironie, der sich bei den wachsenden sozialen Gegensätzen jetzt bis zum bitteren Sarkasmus gesteigert hat, wird auch immer wieder, wie von selbst, mit in die Betrachtung einfließen müssen; so daß das Wenige, was wir als typisch berlinische Kunst bezeichnen möchten, meist mit der Karikatur im engen Zusammenhange steht. Chodowieckis Wallfahrt nach „Französisch-Buchholz“ (Abb. 11) zeigt mit der übermäßigen Anhäufung eßbarer Gegenstände, mit dem armen, überlasteten Eselchen, das nach Busch-Manier seinem Mißfallen Ausdruck gibt, mit den glückseligen, erwartenden Blicken, welche alle Eselreiter auf den behangenen Bratspieß der Karawanenführerin werfen, deutlich, daß hier die Futterkobersucht, in die sich die Naturliebe des Berliners schon damals

Abb. 26. Spottbild auf sächsische Soldaten aus der Napoleonszeit. Farbiger Kupferstich.

und witzig, mehr als der Schriftsteller. Wie er den Zeus als alten Herrn mit Schlafhaube, die anderen je nach Würde in mehr oder minder ehrbaren Alltagstypen gibt, wie sich, statt der Trojaner, Berliner mit Waffelbäckern und Schornsteinfegerjungen (sie vertreten die späteren Schusterlehrlinge) um das große Pferd drängen, das ist noch heute von unmittelbarer Wirkung, trotzdem wir nun nachgerade genug Travestien in Wort, Bild, ja sogar in Opern über uns haben ergehen lassen müssen: aber daß selbst die unsterblichen Götter der Abwandlung und Degeneration unterliegen können, dieser Gedanke wird immer wieder fruchtbar sein, er gehört mit zum eisernen Bestand des deutschen Humors. In ihm eint sich Mitleid und Schadenfreude, in ihm fühlt man sich behaglich; denn der Humor erkennt nicht gern Dinge an, die über ihm sind.

umgesetzt hatte, zur Zielscheibe des Spottes gemacht ist.

Während der Witz meist eine Handlung in sich einschließt, ist der Humor verweilend, stellt einen Zustand dar. Chodowiecki ist Humorist, und so sind es vorzüglich Gruppen, Straßentypen, kleine, bespöttelte Eigenheiten seiner Mitmenschen, die er — dem didaktischen Zug seiner Zeit folgend — aufs Korn nimmt. Eine der reizendsten Schilderungen, die wir überhaupt vom Bürgerleben des achtzehnten Jahrhunderts überkommen haben, ist die Reise nach Danzig: Skizzen, welche Chodowiecki gelegentlich eines Besuches bei seiner Mutter sammelte und später einer Überarbeitung unterzog. Mit verweilendem, behäbigem Humor werden uns hier kleine Alltagserlebnisse erzählt, in liebenswürdiger Redseligkeit. Aber auch in der Travestie des Götterwesens und der Antike, in den Blättchen, die der Stecher zu Blumauers Aneide geschaffen, zeigt er sich geistvoll

Dramatisch Bewegtes zu schaffen, lag nicht in Chodowieckis Naturell, ebensowenig war ihm der scharfe Spott gegeben, und so ist die politische Karikatur nur selten und mit wenig Glück von ihm gepflegt worden. Zwei Blättchen gegen die französische Revolution sind ohne jeden Stachel, und recht unschuldige Scherze: „Pétion Marat und das Fischweib" (Abb. 12) und „Liberté, Égalité, Sansculotte" (Abb. 10). Das erste persifliert nicht ungeschickt die stolzen Römerattitüden der Revolutionsmänner, das zweite soll die bösen Früchte der Freiheit und Gleichheit darstellen und zeigt, wie ein nacktbeiniger Schornsteinfegerjunge mit einem Fräulein der besseren Gesellschaft schön thut, welche gerade ausholt, um sich thatkräftig den Zudringlichen vom Leibe zu halten. Weder das eine, noch das andere trifft den Kern der Sache. Die politische Karikatur konnte damals nicht in Deutschland, und am wenigsten in der Anschauung und ruhigen Lebenssphäre dieses Künstlers ihren Boden finden. Gerade seine Stellung und sein Urteil über Hogarth zeigen, daß er es seiner Schule — denn Hogarths Einfluß auf die englischen Karikaturisten ist unleugbar — überlassen mußte, dieses Gebiet zu pflegen. Außerdem war Chodowiecki zur Zeit, als die Ereignisse der Nachbarländer auch für Deutschland bodenbereitend für die politische Karikatur hätten wirken müssen, zu alt, um sich in diese neuen Aufgaben schicken zu können. In wieweit im einzelnen die Litteratur auf die Karikatur im achtzehnten Jahrhundert Einfluß geübt hat, kann hier nicht berührt werden: gerade in der Figur des Chodowiecki begegnen sich aber die litterarischen Strömungen und einen sich.

Ludwig Kaemerer charakterisiert dies Zusammenspiel in der Monographie des Künstlers (Velhagen & Klasing 1897): „Obzwar Chodowiecki in manchen Zügen Wahlverwandtschaft mit dem Dichter der Minna von Barnhelm verbindet, der gleich ihm das deutsche Bürgerleben für die Kunst entdeckt hat, wäre es doch verwegen, ihn etwa den Lessing der Malerei zu nennen. Wohl aber spüren wir in seinem Wesen und seiner Auffassung der Dinge, die um ihn her geschehen, etwas von der kindlichen Naivität des Wandsbecker Boten Claudius, dem Witz Hippels, der Innigkeit Pestalozzis, der Satire Lichtenbergs, etwas von Matthissons Sentimentalität, Ifflands theatralischem Geschick, Nicolais und Engels Nüchternheit, Seumes männlicher Art — und all das nicht in widerspruchsvollem Nebeneinander, wie etwa bei Lavater, sondern in ausgeglichener Mischung als Ausdruck einer anpassungsfähigen und doch kernhaften Natur.“

Es scheint verfrüht, wenn wir hier schon J. Heinrich Ramberg (1763 bis 1840) erwähnen, aber seine Kunst zeigt ihn von solch einer eklektischen Vielseitigkeit, einer so glatten Rokokoliebenswürdigkeit, einer so hofmännischen Grazie, daß wir ihn ruhig in das achtzehnte Jahrhundert hineinzwängen wollen, als einen letzten Ausläufer eines, wenn auch oberflächlichen, so doch schönheitsfreudigen und leichtsinnigen Kunstregimes. Ramberg lebte als Hofmaler in Hannover, er zeigte auch auf dem Gebiet der Karikatur eine fruchtbare Thätigkeit. Neben politischen Blättern ist ein Reinecke Fuchs zu erwähnen, und besonders ein „Till Eulenspiegel“. Abb. 14 mit den gedrungenen, ausdrucksvollen Typen verrät ein fleißiges Studium der Holländer. Wie wir überhaupt dem Einfluß von Brower, Steen, Ostade noch häufig begegnen werden. Der prächtige derbe Humor der alten

Abb. 27. J. M. Volz: Der Antizeitgeist. Nürnberg 1819.

Holländer findet sich in ähnlicher, verwandter Form beim Niederdeutschen wieder. Ja, weist doch Busch in seiner Selbstbiographie (neue Ausgabe „vor Pater Filucius“) darauf hin, daß diese Künstler seine Lieblinge und unerreichbare Vorbilder wären.

Von allen humoristischen Werken hat nur eines seinen Einfluß bis in unsere Tage erstreckt.

Hier sitz' ich auf dem Meilenstein
Und schaue froh verwundert,
Wie du auf deinem Rößlein fein
Hertrabst durch das Jahrhundert.

So begrüßt Wilhelm Busch Karl Arnold Kortum, welcher die Batzen in Buschs alten Deckel werfen muß. Schon ist er vorüber. —

Es sitzt so stramm der Reiter,
Wie lustig wackelt ihm der Zopf —
Zack, zack, so geht es weiter.

„Leben, Meinungen und Thaten von Hieronymus Jobs, dem Kandidaten.“ In diesem breiten, anspruchsvollen Titel steckt eine ganze Allongeperücke voll Wichtigkeit und Selbstgefälligkeit, „und wie er sich weiland viel Ruhm erwarb“, unsere ehrfürchtige Erwartung steigt noch vor der Gelahrsamkeit dieses Herrn. Und plötzlich — so ganz beiläufig, aber wie ein Eselsfußtritt — auch endlich als Nachtwächter zu Sulzburg starb.

Die Jobsiade (Münster 1784), deren Titelsilhouette (Abb. 13) wir als Karikatur auf die deutsche Silhouettomanie, wenn wir es so nennen dürfen, beigegeben haben, ist — „vorn und hinten und in der Mitten, geziert mit schönen Holzschnitten; eine Historia, lustig und fein, in neumodischen Knittelverselein.“ Und die Beherrschung dieses Knittelverses, der nachhinkt und uns jedesmal wie mit einem Wassersturz übergießt, die Heranziehung der Komik im Reim hat sich auf Busch vererbt. So schlecht Kortums Verse scheinen — als ob ein Wagen über einen Knüppeldamm führe —, so leicht folgen sie doch jeder Stimmung, jeder Absicht. Man lese sich nur einmal das prächtige Examen daraufhin durch, wie vorzüglich hier Stimmen und Charaktere, auch im Klang der Verse, auseinander gehalten sind.

Ich als zeitlicher pro tempore Inspektor
Und der hiesigen Geistlichkeit Direktor,
Frage Sie quid sit episcopus.

Alles weist uns auf das sonore, würdige Organ.

Nun folgte Herr Krisch, ohn' Verweilen,
Und fragte: aus wieviel Teilen
Muß eine gute Predigt bestehn,
Wenn sie nach Regeln soll geschehn.

Abb. 28. Der Klub der Denker. Um 1820.

Abb. 29. Die Krähwinkler entdecken den Nordpol. Um 1820.
(Sammlung v. Lipperheide.)

Klingt da nicht schrill das piepsige Stimmchen, und sieht man nicht den dürren, sanguinischen Herrn? In der Jobsiade gehen meines Erachtens das erstemal die Mittel mit der Darstellung Hand in Hand, ist für humoristische Dinge ein eigner Stil des Wortes geschaffen, während in der Karikatur jener Zeit stets nur der Gegenstand karikaturistisch aufgefaßt worden ist, aber nie für die Darstellung eine eigne Sprache der Linie, der Kunstmittel gefunden wurde. Das, was hier Kortum für den Vers gethan, hat nach achtzig Jahren Wilhelm Busch auch für die bildliche Darstellung erobert. Er hat bewiesen, daß auch die Karikatur ihre eigenen Kunstmittel haben muß, daß zu dem *Was* des Dargestellten, zu der Auffassung erst noch als Drittes das *Wie* der Darstellung kommen muß, um das zu ergeben, was wir unter einer modernen Karikatur verstehen. Wir haben uns deshalb etwas eingehender mit Kortum beschäftigt, weil er in der Art seines trocknen Humors, wie in der Behandlung des Verses ein Vorbild seines späteren Landsmanns Wilhelm Busch ist, mit dem ihn viel Gemeinsames verbindet: jene Behäbigkeit, die Freude am Essen und Trinken, und besonders die nicht allzugroße Freundschaft mit den Menschen, welche beide aus dem ff kennen, und denen sie beide mit gutem Recht eher das Schlechteste als das Beste zutrauen. Und, wenn auch Kortum lustig der Zopf wackelt, so ist er doch der einzige, der als Karikaturist des Wortes aus dem achtzehnten Jahrhundert für uns heute noch in Betracht kommt. Nicht allein das sittengeschichtliche Interesse ist es, sondern es steckt in dem Humor dieses Bändchens etwas, das bleibend und das auch noch heute wertvoll ist, während andere komische Heldengedichte — denn, wenn man überhaupt klassifiziert, muß man die Jobsiade dieser Gattung zuzählen — längst jenen Stachel für uns verloren haben, und während humoristische Romane jener Zeit, wie Nicolais „Sebaldus Nothanker“, uns angähnen.

Wenn wir nun noch einmal das achtzehnte Jahrhundert überschauen, so ist die

Abb. 30. Der Krähwinkler mit dem Wegweiser. Um 1820. (Sammlung v. Lipperheide.

Ausbeute in künstlerischer Beziehung keine übermäßig reiche gewesen. Die politische Karikatur ist in Deutschland fast verschwunden, und die wenigen Blätter fallen kaum ins Gewicht. Die humoristische Zeichnung im heutigen Sinne ist auch fast unbekannt, höchstens ist es die Sittenschilderung, die Mode, welche stärker den Bilderspott herausfordert, und in welcher Dinge von Wert geschaffen werden: diese allein können uns hier interessieren. In dem engen Rahmen, den wir für unser Thema haben, gehen wir durch unser Gebiet wie ein Spaziergänger durch eine Landschaft: werfen hier einen Blick auf die Baumgruppe, dort auf das Gebüsch, freuen uns über den murmelnden, schnellfließenden Bach, aber machen keine geologischen Studien und zählen nicht die Staubgefäße jeder Blume, die am Weg steht. Bis jetzt sind uns auf unserm Spaziergang zwei freudige Überraschungen geworden: Chodowiecki und Kortum . . .

* * *

Zuckte von der französischen Revolution hin und wieder nur ein heller Schein wie fernes Wetterleuchten über Deutschland, so zog jetzt das Unwetter vollends herauf mit grellen Blitzen und erschütterte das Land in seinen Grundvesten. Heute, wo längst die Wunden vernarbt sind, kann wohl zugegeben werden, daß die napoleonische Zeit für die politische und kulturelle Entwickelung und Stärkung Deutschlands von unendlichem Nutzen war, und daß wir sie eher als Segen, denn als Fluch ansehen müssen. Die Begeisterung, mit der man in ganz Westdeutschland und auch in Berlin dem Kaiser zujubelte, hatte — abgesehen von der übermächtigen Persönlichkeit des Eroberers — seine gute Berechtigung: denn es war nicht allein Preußen, welches vor Frankreich unterlag, sondern eine neue Zeit, die eine alte besiegte. Und wenn auch später der Sieg Frankreichs reichlich wettgemacht wurde, der Sieg der neuen Zeit ließ sich doch nicht vollends ungeschehen machen. In der napoleonischen Zeit tritt naturgemäß die politische Karikatur in den Vordergrund, während der feinere Sinn für Humor abhanden kommen muß. Die politische Karikatur steht in Deutschland ganz und gar unter dem Einfluß englischer

Zeichner. Wie beschaffen diese englische Karikatur ist, und wie sie so eigentlich gar nichts Deutsches besitzt, das können wir gut in der Sonderpublikation Grand-Carterets „Napoleon I. in der Karikatur“ (deutsch Leipzig 1899) studieren. Hier wird der Lebenslauf des Kaisers von dem Ende der neunziger Jahre bis zu seinem Tode, bis nach St. Helena uns in Spottbildern voll Haß, Hohn und Wut, teuflischem Lachen und Verzerrung vorgeführt – die bittersten Satiren des modernen Léandre scheinen gegen diese Blätter nur wie gutmütige Vermahnungen. Teufel und Galgen, Verrat und Unzucht, das sind die mindesten Ingredienzien, mit denen man diese Blätter gewürzt hat. Welche Summe von Haß und Verachtung muß in diesen Zeichnern Rowlandson, Cruikshank, Gillrai gesteckt haben: man trägt Napoleons Kopf auf der Mistgabel umher; hetzt ihn als Fuchs mit Hunden zu Tode; zeigt ihn als Prahler, Feigling und Verräter, in ohnmächtiger Wut sich verzehrend, hauptsächlich aber als den kleinen armseligen Boney. Die Karikatur von Volz (Abb. 16), welche sein Antlitz aus Leichen gebildet uns zeigt, trägt nach Grand-Carteret die Unterschrift:

> Napoleon der erste und letzte, durch den Zorn des Himmels Kaiser der Jakobiner, Beschützer der Conféderation der Spitzbuben, Bevollmächtigter der Höllenliga, Großkreuz der Unehrenlegion, kommandierender General der Legionen von Skeletten, zurückgelassen in Moskau, Smolensk, Leipzig 2c. Der Schnellste an der Tête der Ausreißer, After-Priester von Sanhedrin, After-Prophet der Mohammedaner, hohle Säule des christlichen Bekenntnis.

Und wie wenig entspricht jene berühmte Karikatur Cruikshanks (Abb. 17) — die Nachahmungen und Kopien in der ganzen Welt fand —, wie wenig entspricht sie der geschichtlichen Wahrheit! Der große Wellington läßt den kleinen Napoleon auf

Abb. 31. Postillon: Kommen Sie man ruhig, Madamken, ick habe Wasserstiebeln an.
Franz Burch. Doerbeck. (Kupferstichkabinett Berlin.)

seinem Daumen reiten und gibt ihm Nasenstüber. Die deutsche Kopie trägt folgende Unterschrift:

Ein Männlein kam aus Korsika,
Und meinte groß zu werden,
Und zu verschlucken fern und nah
Die Völker all auf Erden.
Allein es war sein Spiritus
Durch eines Mannes Erbsenschuß
Gar jämmerlich getroffen.
Da kam das Männlein wiederum
Aus Elba hergefahren,
Und lockte in sein Kaisertum
Von neuem unsre Scharen,
Da sah ihn gar der große Mann
Für einen Daumenreiter an
Und gab ihm Nasenstüber.

Nun ich meine, hier setzt sich die Karikatur in offenbares Unrecht, und nur der ärgsten Verblendung kann das Verhältnis zwischen dem Riesengeist Napoleons und Wellington in so falschem Licht erscheinen.

Von allen politischen Karikaturen dünkt mich das Kapitel der Napoleonkarikaturen das unerfreulichste, und wenn man sie auch durchaus nicht alle mit Grässe erbärmlich und geistlos finden möchte, ja selbst manche der deutschen Blätter wie „der glückliche Jäger" (Abb. 18), mit der Unterschrift: „da habe ich einen netten Bock geschossen" und dem Teufel mit Napoleon als Wickelkind (Abb. 19): „das ist mein lieber Sohn, an dem ich Wohlgefallen habe", durch das Kurze und Schlagende der Pointe uns noch heute in Erstaunen setzen, so erscheint es uns doch, als ob sich die Gestalt Napoleons nicht zur Karikatur eignete, als ob es eine Blasphemie wäre. Und dieselbe Empfindung läßt wohl Grand-Carteret seinem Werk als Schluß eine Reproduktion des Bildes von Dabos — eine Apotheose auf Napoleon — beigeben. Der jugendliche Kopf des Kaisers schwebt in einer Gloriole über dem Erdball: Adler tragen den Purpur mit seinem Namen. „Großes, strahlendes Gestirn, es erhellt, es befruchtet, nach seinem Gefallen leitet es die Geschicke der Welt." Besonders aber verstimmt es uns, daß die Menge der deutschen Karikaturen ins Gewaltige wächst nach Bonapartes Fall. Das ist ein Zeichen der Unreife.

Abb. 32. Berliner Redensarten. Von F. B. Doerbeck. (Kupferstichkabinett Berlin.)

Nach dem Sturz Louis Philipps brachte der „Charivari" in Paris, der mit allen Mitteln des Geistes und Spottes gegen ihn gearbeitet hatte, keine Karikaturen mehr auf den Entthronten, in voller Erkenntnis, daß die politische Karikatur nicht gegen Tote, sondern gegen Lebendige zu kämpfen hat, und daß es unser Gefühl beleidigt, wenn Gefallene verhöhnt werden.

Zwei Künstler sind es in jener Zeit, die Erwähnung verdienen: Johann Michael Volz (1784 bis 1858), Johann Gottfried Schadow (1764—1850). Volz, der Süddeutsche, der für die Kunstanstalten in Nürnberg, Stuttgart, Regensburg, Frankfurt, für die Schweiz arbeitete; Schadow, der Berliner. Zu ihnen käme noch Geisler, der Leipziger. Karl Hagen hat (Stuttgart 1863) eine ausführliche Würdigung des süddeutschen Illustrators geboten. Und wenn er auch die Qualitäten des Zeichners durchaus überschätzt — wie man überhaupt bei längerer Beschäftigung mit einer Künstlerpersönlichkeit gern gewillt ist, sie höher einzuschätzen, als sie es verdient —, so bietet uns die Arbeit doch viel kulturell Interessantes über den deutschen Buchhandel und den Vertrieb der Einzelblätter und berührt hier ein Gebiet, von dem wir nur wenig Nachricht haben. Fast alle bekannten Napoleonkarikaturen (zahlreich in der v. Lipperheideschen Sammlung und im Berliner Kupferstichkabinett) stammen von Volz, und bis in die dreißiger Jahre hinein hält er den Markt der Karikatur mit Blättern gegen Kornwucher, mit Krähwinkliaden und anderen unschuldigen Dingen. Die Arbeiten sind handkolorierte Kupferstiche, mit leichter, nicht unharmonischer Farbengebung; eine Technik, die zum erstenmal wieder ausgiebig der Schweizer Aberli (1723—86) anwandte, und die bald in der ganzen Welt Nachahmung fand. Sie war bis hinein in die Mitte des Jahrhunderts gang und gäbe, ohne doch sich zu besonderer Höhe und Vollendung zu entwickeln; ja, bei der wachsenden Größe der Auflagen sank sie mehr und mehr zu flüchtiger, mechanischer Ausübung herab. Volz ist ein Volkskünstler, der eine starke Vielseitigkeit, ein Anpassungsvermögen für jeden von ihm geforderten Stoff besitzt; religiös, historisch, Schlachten- und Zeitbild, Karikatur, Klassikerillustration, Genrebild, Trachtenschilderung, Gebräuche, Typen, Bilderbücher, Kartonagen, Bonbonvignetten, Neujahrswünsche, Porträts und Zeichenvorlagen — für alles versteht er die richtige Form zu finden. Ihn zeichnet eine ruhige Nüchternheit und Leichtverständlichkeit aus. Hagen rühmt von ihm, daß seine Schlachten keine modernen Gemetzel sind, sondern eher in uns den Eindruck einer griechischen Ringschule erwecken. Dieses wäre ja nach der heutigen Auffassung gerade kein Vorteil. Und wenn Hagen ihn als das nachahmenswerte Vorbild eines Volkskünstlers hinstellt — so mögen wir auch dem nicht beistimmen. Seine Kunst nimmt ein so niedriges Niveau ein, ist so kühl und nüchtern, daß sie dem Geschmack der Menge nur entgegenkommt, ohne ihn im geringsten zu heben. Und gerade, daß Volz und seine Schule in Süddeutschland die einzigen Vertreter der Karikatur sind, zeigt uns die niedere Rolle, welche die Karikatur noch zu spielen sich genötigt sah, und wie man ihren Wert und ihre Mission kaum höher anschlug, als den der Jahrmarktsware. Sämtliche Napoleonkarikaturen sind von Volz für den Campeschen Verlag zu Nürnberg

Abb. 33. Berliner Witze. Von F. B. Doerbeck. (Kupferstichkabinett Berlin.)

Was giebt es da, mein schönes Kind?
„Gespickte Mackaber Muse!

Abb. 34. Berliner Witze. Von F. B. Doerbeck. (Kupferstichkabinett Berlin.)

geschaffen worden. Hagen zählt aus den Jahren 1814/15 deren dreißig Blatt auf. Sie haben vor den englischen, denen sie an Ausdrucksfähigkeit und künstlerischer Persönlichkeit so weit nachstehen, doch den Vorzug klarer und einheitlicher Anordnung voraus. Besonders verfallen sie nicht in den Fehler, daß die Worte, welche ein jeder ausruft, wie in Hauchwolken aus dem Munde der Personen ausgehen, und das Blatt mit dem Gewirr von Buchstaben bedecken, so daß man, anstatt das Bild als Ganzes zu betrachten, rechts, links, oben und unten die Ausrufe und Inschriften zu entziffern sich bemüht. Solange eine Karikatur diese Hilfe braucht, ist sie sich ihrer Mittel noch nicht bewußt. Die Arbeiten von Volz möchten, wenn sie nicht so ledern und trocken wären, sicherlich in ihrer Geschlossenheit und in der Prägnanz des Gedankens angethan sein, uns auch noch heute beachtenswert zu erscheinen, aber der Mangel jeglicher Handschrift, die handwerksmäßige Flachheit läßt dieses Interesse nicht zu. Wenn man Napoleon auf St. Helena als wildes Tier im Käfig darstellt oder ihn im Höllenfeuer jammern läßt — wenn man, wie in einer moralischen Kindererzählung, sein Leben in zehn Stufen vorführt, mit Hirtenknabe beginnend und

Abb. 35. Der Totengräber. Von F. B. Doerbeck. (Kupferstichkabinett Berlin.)

mit Höllenpein endigend, so können wir diesen Dingen nur sehr wenig Geschmack abgewinnen. Der Spott auf den unglücklichen russischen Feldzug aber — in dem auch Tausende von Deutschen umkamen vor Kälte und Hunger — scheint uns erst recht deplaziert. Wie diese in Lumpen gehüllten Gestalten über das tote Pferd herfallen (s. Abb. 20), das kann, im Gegensatz zu ihrem sonstigen Verhalten, nur unser Mitleid wecken; während andere Blätter, welche Napoleons Flucht von der Armee geißeln, schon eher den angreifbaren Punkt herausgefunden haben. Einen gewissen seelischen Takt muß eben selbst die politische Karikatur bewahren, und nur in Zeiten äußerster Erregung, wie hier, läßt es sich verstehen, wenn auch nicht entschuldigen, daß dieser letzte Rest von Menschlichkeit über Bord geworfen wird, und alle unterirdischen Kräfte sich hervorwagen, die tief in uns gefesselt liegen sollen, letzte tierisch-atavistische Regungen. Auch wenn Hagen vorschlägt, man sollte Volz in den Kabinetten als Sittenschilderer sammeln, wie Chodowiecki, so weiß man wohl zur Genüge, weshalb man es nicht thut. Von den sonstigen Blättern wäre noch das „Kaffeelisel“, gegen die Kontinentalsperre gerichtet, eine breite, rohe, aber nicht uncharakteristische Arbeit zu erwähnen. Auch ist es interessant, daß jetzt wieder die Karikaturen gegen die Juden an Boden gewinnen; selbst eine Napoleonkarikatur zeigt einen Juden, welcher der hinter dem Hügel niedergehenden Sonne zuruft: „Au weih! Sonne von Austerlitz, wie biste gesunken!“ Daß gerade in diesem Zeitpunkt sich das Spottbild von neuem nachdrücklich gegen die Juden wandte, ist darin begründet, daß Napoleon ihnen als Bürger des Staates die gleichen Rechte wie den Christen einräumte.

* * *

Künstlerisch auf bedeutend höherer Stufe stehen die Arbeiten von Schadow, dem Berliner Bildhauer; die Akademie der Künste bewahrt viele von diesen Blättern, desgleichen das Königliche Kupferstichkabinett und die v. Lipperheidesche Sammlung zu Berlin. Auch im Handel begegnet man ihnen häufiger. Sie sind entweder im scharfen Umrißstich gestochen, oder wie die Abb. 21 mit tonigen Flächen in Licht und Schatten gesetzt. Bezeichnet sind sie „Gilrai à Paris“, während sich der englische Zeichner James Gillrai mit ll schreibt. Zwar kann man auch in Schadow den englischen Einfluß nicht verkennen, aber die Dinge sind doch geistreich in der Erfindung, wie in der Behandlung, und voll Leben. Jedenfalls ist es hier schon ein Spott, der auf

Abb. 36. „Wat?! sie will mir?“ Von F. B. Doerbeck. (Kupferstichkabinett Berlin.)

Die zu enge Straße.

Abb. 37. Karikatur um 1830.

geschaffen und einzelne merkwürdige Typen vom Jahrmarkt des Lebens, eigenartige Käuze, scharf und treffend wiedergegeben. Die Raczynski-Sammlung bewahrt ein derartiges kleines, in Wasserfarben ausgeführtes, karikaturistisches Gemälde (Abb. 25). In diesen Dingen spricht sich noch mehr eigner Stil aus, wie in der politischen Karikatur Schadows.

* * *

Die napoleonische Zeit ist, alles in allem, reichhaltig, aber unerfreulich an deutschen, politischen Karikaturen. Unerfreulich mit wenigen Ausnahmen; so erscheint

einer scharfen Beobachtung der Schwächen des Gegners beruht und nicht in jene infernalischen Verzerrungen ausartet, wie bei den Engländern. Der preußische Grenadier (Abb. 21), der russische Bär und John Bull haben den Feind aus Berlin herausgejagt und sperren nun mit ihren drei gewichtigen Gestalten das Hallesche Thor. Draußen empfangen die Fliehenden die Kanonen vom Windmühlenberg aus, und ein Grenadier mit erhobenem Kolben schlägt auf sie ein. Die Figuren der französischen Militärs im Vordergrund, das erstaunte Äffchen mit den langen Armen, und der lange Gardist mit den kurzen Armen sind von stark komischer Wirkung. Auch die „Klage der Napoleonsfreunde bei seiner Gefangennahme“ soll Schadow zum Urheber haben (Abb. 22). Sie scheint gut genug, um von ihm herrühren zu können. Außer dem Interesse, das wir dem Gegenstand abgewinnen, eint dieses Blatt noch alle damals gebräuchlichen Moden der Herrenkleidung und ist uns so zugleich kulturell von Wichtigkeit. (Hier sollen auch die genialen Zeichnungen von Orlowski (Abb. 23 u. 24) (Berlin, Nationalgalerie, Handzeichnungssaal) ihre Stellen finden; die vorzüglichsten Modekarikaturen jener Zeit, Blätter von einer Kühnheit und breiten Wucht des Striches, wie sie erst viel späteren Zeichnern eigen sind.) Außer jener Serie von Napoleonkarikaturen, auf denen es nicht gerade immer anständig zugeht, hat Schadow noch manches Humoristische in Einladungen zu Künstlerfesten

zum Beispiel Abb. 26, welche sächsische Soldaten, altmodische Herren mit Gamaschen, Zopf und Dreispitz uns zeigt, die einen kühnen Bajonettangriff gegen ein unschuldiges Kätzchen richten, witzig und von künstlerischer Eigenart. Und doch hat die napoleonische Zeit den Vorzug, dem Bedürfnis für Karikatur in Deutschland einen breiteren Boden gewonnen zu haben. Die politische Karikatur bleibt von jetzt an in ununterbrochener Thätigkeit, ist ein Faktor geworden, welcher mitspricht, so sehr er von der Zensur immer wieder und wieder unterdrückt werden mag. Und als 1848 mit den andern Fesseln die der Zensur abgeschüttelt werden, da tritt sie plötzlich hervor, als eine gewaltige Macht im Kampfe, und entwickelt sich zu früher nie gekannter Höhe. Wir können sie nicht bis zum Jahre 1848 verfolgen und müssen wieder Abschied vom politischen Spottbild nehmen. Nur zwei Blätter, welche gegen die Reaktion gerichtet sind und der Zeit der Burschenschaftsbewegung entstammen, sollen hier Platz finden. Hatte erst die politische Karikatur sich gegen Napoleon gewandt, so wendet sie sich jetzt gegen die, welche das dem Volk nehmen wollten, was ihm Napoleon gegeben, welche den Zeiger zurückdrehten und wie Wilhelm von Hessen-Kassel meinten, „daß sie sieben Jahre geschlafen hätten und nun noch alles wie einst wäre“. Das eine ist „der Antizeitgeist“ von Volz (Abb. 27). Ein Esel im Staatsrock, mit Allongeperücke, dem Stammbaum als Steckenpferd, stößt das Licht um und tritt auf die Nachtmütze. Die Sonne verfinstert sich; Eulen und Fledermäuse haben sich hervorgewagt und umflattern ihn, Kröten und Molche kriechen am Boden, Giftblumen öffnen ihre Kelche. Das Ganze ist eine vorzügliche Karikatur im Gedanken; ein Vorwurf, aus dem vielleicht bei einem Daumier eine unsterbliche Schöpfung erwachsen wäre, und der doch hier langweilig, nüchtern, steif, ohne jede persönliche Eigenart wirkt.

Der „Klub der Denker" (Abb. 28) steht höher und ist in den einzelnen Typen von zwingender Komik: sie denken, daß der Schädel knackt, jeder in anderer Stellung, aber wortlos, denn der Maulkorb verschließt den Mund, und noch Dutzende von Maulkörben hängen oben für Neuankommende. Auch die Frage der Tagesordnung: „Wie lange mag uns das Denken noch erlaubt bleiben?" ist treffend und lustig. Ueberhaupt ist dieses Blatt eine der witzigsten Verspottungen, die mir bekannt geworden. Besser und schärfer kann die geistige Bevormundung kaum gegeißelt werden. Und auch die unschuldigen Krähwinkliaden, welche nun in Mode kamen, zeigen eigentlich einen politischen Hintergrund; denn sie wenden sich indirekt gegen den Zopf, die Altertümelei, die Stagnation des Lebens, sie spotten der deutschen Mittelstadt und des Bureaukratismus. Sie alle sind wohl stark durch das Lustspiel der Zeit beeinflußt, und Kotzebues Lustspiel Deutsche Kleinstädter (Leipzig 1803) ist das Urbild — geistvoll und unerreicht — dieser Dinge gewesen. Gerade durch das bürgerliche Lustspiel sind der Karikatur jener Zeit eine Unzahl Typen zugeführt worden, und wenn sie auch auf dem Umweg über das Theater ihr zugeflossen sind, so haben sie doch dazu beigetragen, die Lebenswahrheit der Blätter zu erhöhen, ein tieferes, schärferes Eingehen auf die kleinen Eigentümlichkeiten von Menschen, Sitten und Ständen zu veranlassen. Wenn es auch der Zeit bis 1848 an großen, namhaften Talenten fehlte, so ist hier doch eine ganz deutliche Linie der Entwickelung, ein ruhiges Wachsen. Der Witz dieser Krähwinkliaden ist der, daß irgend eine Redensart wörtlich aufgefaßt wird, ähnlich wie es Till Eulenspiegel thut — nur während es dieser aus Klugheit thut, ist es hier die unverfälschte Beschränktheit. Unter „Krähwinkler" von Volz finde ich im Hagenschen Verzeichnis

Abb. 38. Doerbeck: Frauchen, wat kost der Ikkei!

das Nordpolblatt nicht erwähnt (Abb. 29), ebenso den Bürger jener Weltstadt dem man riet, einen Wegweiser auf die Reise mitzunehmen (Abb. 30). Man sehe, wie er es befolgt hat! Das Blatt ist außerordentlich geschickt komponiert, kräftig und frisch in der Bewegung. Es mag wohl vom Schweizer Dunder stammen. Auch die Nordpolentdeckung ist lustig und, trotz der übertriebenen Typen, eine erfreuliche Leistung. Für Sitten, Moden und Trachten der Zeitschriften zu erscheinen. Von dem politischen Leben wendet man sich mehr und mehr der bürgerlichen und Standessatire zu. Daß sich der Wert der Arbeiten hebt, findet auch seine Begründung in dem Sieg der Lithographie über den steifen Kupferstich. Die Lithographie — jene prächtig ausdrucksvolle Technik, welche die letzten Intentionen des Künstlers wiedergibt, sich anschmiegt wie Wachs und uns ein klares Abbild der Handschrift und all

Abb. 39. Aus Rethels „Totentanz".

Biedermaierzeit bieten diese Krähwinkliaden ein gutes Studienfeld, und die hellen Farben, mit denen sie koloriert sind, lassen uns den Eindruck jener Zeit noch frischer erscheinen.

Langsam beginnt man Volz zu überwinden. In München und Düsseldorf bilden sich Kunstzentren, deren Teilhaber bald ihren Anteil mit zur Karikatur stellen und sie auf ein höheres Niveau heben, ihr eine bessere Stellung im Kunstleben verschaffen. Bald beginnen nun auch die ersten illustrierten, humoristischen ihrer Eigenheiten gibt, die in den Händen eines Berufenen zum ausdrucksvollsten Mittel werden kann, farbig, tonig, mit Schlaglichtern, mit Kernschatten, Halbschatten, feinen, unmerklichen Übergängen. Ist es auch nicht zu leugnen, daß das Weiche, Verschwimmende des Korns oft eine gewisse Flauheit in das Ganze bringt, so wird doch trotz dieses Nachteils die Lithographie von keiner der modernen Vervielfältigungsarten übertroffen, und besonders hält sie durchaus die Rivalität des malerisch behandelten Holzschnittes aus, den später in

Abb. 40. Politiker. Karikatur von 1830.

Deutschland die „Fliegenden Blätter“ durch Schulung ihrer Stecher bis zu einer erstaunlichen Ausdrucksfähigkeit entwickelt haben. Gewiß entsprechen die modernen Verfahren mehr den Anforderungen, welche die Zeit, der ins Enorme gesteigerte Bedarf stellt, sie sind billiger, handlicher und leichter, schneller druckfertig. Aber — bei allem — künstlerischer sind sie nicht. Der Lithographie verdanken wir auch, daß von jetzt ab die Persönlichkeiten mehr hervortreten; bringen doch die Künstler vielfach ihre Arbeiten selbst auf den Stein, und geht nicht jede Eigenheit durch schematische Arbeit handwerksmäßiger Stecher verloren. Wie sehr viel Gutes wir in der Karikatur durch den Holzschnitt verloren haben, geht unter anderem daraus hervor, daß die Arbeiten des vorzüglichen Steub und des genialen Oberländer eine Zeit lang — als jene Technik im Argen lag — in den „Fliegenden Blättern“ anonym erschienen, weil die Zeichner die veröffentlichten Werke nicht für ihre eigenen ansehen mochten. So wenig gelang dem Holzschnitt eine Wiedergabe der künstlerischen Absichten. Nur die für Linienschnitt geschaffenen Arbeiten, die eben von vornherein in dieser Technik gedacht wurden, wie die Arbeiten von Richter, Schwind, Ille bewahrten auch in der Reproduktion die Eigenart des Zeichners, wenn auch das Original in seiner ganzen Liebenswürdigkeit selten oder nie erreicht wurde.

Abb. 41. Karikatur auf die Ehegesetze. Berlin um 1815. (Sammlung Mai.)

Die Lithographie fand besonders in Berlin, Leipzig, München, Düsseldorf, Frankfurt ihre Stätten, und bis zu welcher farbigen Delikatesse diese Technik entwickelt wurde, das mag ein wundervolles Blatt (Titelabb.) aus einer Folge lustiger Männer und Frauenzimmer, cancantanzender Figuren beweisen, welches so reizvoll und prickelnd in der Mache ist, so prächtig und dezent in der Farbenwahl, daß es eine helle Freude bethätigt sich Theodor Hosemann (1807—75) als Schilderer der gleichen Sphäre. Als Vorgänger der Doerbeckschen Karikatur müssen wir die Folgen von Ausrufertypen, Figuren der Kleinhändler, wie sie das Straßenleben in London, Paris und Hamburg mit sich brachte, betrachten. „Berliner Witze", „Berliner Redensarten" heißen die bei Gropius erschienenen Sammlungen Doerbecks. Sie decken sich ungefähr

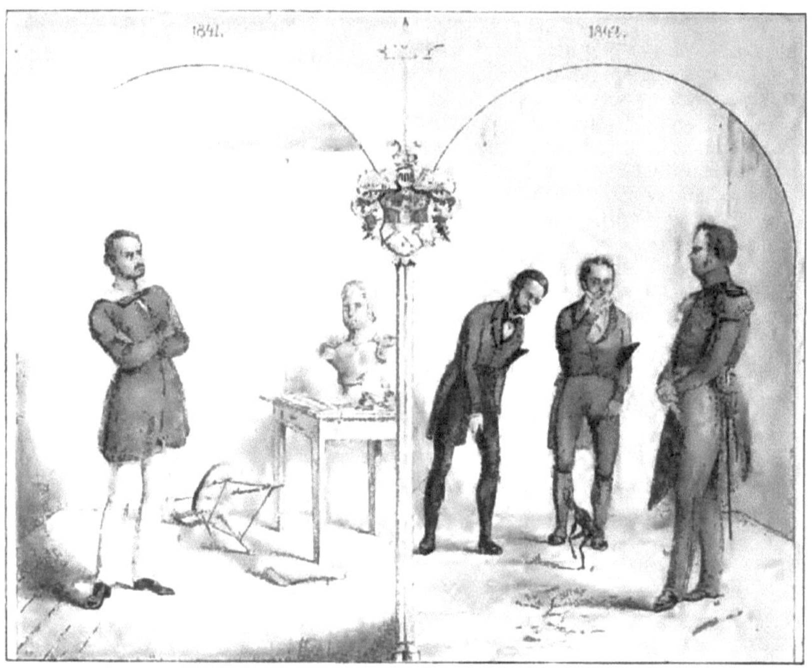

Abb. 42. Karikatur auf Georg Herwegh. Um 1843. (Sammlung Mai.)

ist, es zu betrachten. Der Künstler, über den ich trotz meiner Bemühung nichts erfahren konnte, hat wohl französische Schulung genossen. Hier ist dieses Blatt nur beigegeben, um zu zeigen, mit welcher Meisterschaft (um 1850) auch in Berlin die farbige Lithographie gepflegt wurde.

Derjenige Künstler, welcher uns in Karikaturen die treusten Typen aus dem Berlin um 1830 bewahrt hat, ist Franz Burchard Doerbeck (1799—1835). Er kam nach 1823 nach Berlin. Nach ihm mit den litterarischen Leistungen Glasbrenners, welche später in „Berlin, wie es ißt und trinkt" uns diese für uns sonst spurlos verschollene Welt mit all ihren Eigenheiten, ihrem Witz, der vor nichts stillstand, mit ihrer schnoddrigen Lustigkeit, ihrer Lebenslust und besonders mit ihren sozialen Gegensätzen aufzeichnete. Niemals später mehr hat sich das Berliner Volksleben karikaturistisch so rein und fast restlos umgesetzt wie in den dreien: Doerbeck, Hosemann, Glasbrenner, und wenn wir

Ein Placat-Kampf.

Demokrat:

Mitbürger, seid ja auf der Hut!
Man will uns unsere Freiheit stehlen.
Laßt Barricaden, Tod und Blut
Und Blei und Pulver gar nicht fehlen!

Die Reaction, die Reaction,
Ha! ha! und die Reactionäre!
Die thun wahrhaftig wieder schon,
Als ob kein März gewesen wäre!

Reactionair.

O Volk, gedenke deiner Pflicht!
Hör' nicht auf diese Anarchisten
Sie glaub'n an Gott und Jesum nicht:
Das sind die wahren Antichristen!

O lieben Freunde, sagt euch los,
Von den verfluchten Demokraten!
Sucht euer Glück in unserm Schooß:
Wir haben's Geld und die Soldaten!

Ein Anderer.

Brav Reactiönchen! Halte dich!
Du bist noch meine einz'ge Stütze.
Versetz' dem Hundsfott einen Stich:
Er zielt nach meiner goldnen Mütze!

Abb. 43. Fliegendes Blatt aus dem Jahre 1848. (Königl. Bibliothek, Berlin.)

dazu noch die geistvollen Schilderer des alten Berlins und seiner Lebensbedingungen, Lenz und Eichler, Dronke und den satirisch scharfen Hermann Lessing (vor und nach dem März) rechnen, so haben hier Schriftsteller und Zeichner im Vereine eine künstlerische Umwertung der preußischen Residenz geschaffen, die sie uns mit allen seinen Zügen heute wieder vor unseren inneren Augen erstehen läßt. Ein eigentümliches Leben, ein Kampf zwischen Alt und Neu, Zopf und Stagnation, Aufstreben und Bewegung, Witz und wieder Witz, Kritik an allem, an den Mitmenschen, am Staat, an der Regierung, Schlagfertigkeit, stark entwickeltes Volksleben, eine Fülle charakteristischer Straßentypen, fromme Vereine und Laster — — und alles gleichmäßig bewacht von einer väterlichen Polizei und einer Zensur, der, wo es angeht, eine Nase gedreht wird. Der Berliner Volkswitz, der Berliner Jargon nimmt seinen Siegeslauf durch ganz Deutschland: der König bedient sich seiner, und der Zar von Rußland versäumt bei keinem Besuch, sich persönlich nach seinem Befinden zu erkundigen. Die Eckensteher geben ihre eigne Philosophie zum besten, die Glasbrenner in folgende Reime gebracht hat:

Das beste Leben hab' ick doch,
Ick kann mir nich beklagen,
Pfeift och der Wind durchs Ärmelloch,
Det will ick schonst verdragen.
Des Morgens, wenn mir hungern dhut,
Eß ick 'ne Butterstulle,
Dazu schmeckt mir der Kümmel jut
Aus meine volle Pulle.
Und drag' ick endlich mal was aus,
So dhu' ick Jroschens kneifen,
Hol' wieder meine Pulle raus
Und dhue eenen pfeifen.

Die Hökerfrau wirft uns Freundlichkeiten an den Kopf, der Guckkästner treibt Politik, der Holzhacker, der Sandjunge aus den Rehbergen, der Schusterjunge, beginnen eine komische Rolle zu spielen. Über den Ellenreiter, den Mühlendammer, den Tütendreher macht man sich lustig, der Stralower Fischzug, die Mottenfeste sind eine bedeutungsvolle Dokumentierung des Volkslebens. Und überall hat man das Gefühl, hier brodelt und gärt es, hier ist Leben und Entwickelung, und gerade dieses Zusammenspiel von Überlebtem und Aufsteigendem gibt jener Zeit den Reiz.

„Berlin — was man auch dagegen einwenden mag — ist eine große Stadt, und wenn man auch nicht viel darin erleben kann, weil die Verhältnisse an einer gewissen Ledernheit leiden, so kann man doch nicht leugnen, daß es alle Elemente zur großstädtischen Entwickelung in sich trägt, und in fünfzig Jahren ein Weltleben ausgebildet haben wird.“ So prophezeit mit sicherem Blick Eichler bereits im Jahre 1842. Für die Karikatur wird also hier schon für Deutschland der vierte Stand entdeckt, wenn auch anders, unschuldig, komisch, friedlich, eher als ein gemütliches Kuriosum, das uns lachen macht, denn als jene gärenden, unheimlichen Massen voller Armut, Laster und Häßlichkeit, welche uns heute so bitter aus Blättern eines Balus̈check entgegengrinsen. Die Beschäftigung mit dem vierten Stand gibt der Karikatur einen neuen Lebensboden und leitet sie ab von der übermäßigen Anteilnahme an dem Theater und den litterarischen Dingen, auf welche sie sich aus Mangel an hinreichender politischer Bethätigung geworfen hatte. Figuren, die hier viel Gelegenheit zur Verspottung gaben, waren in Berlin und München Saphir und seine Anhänger. — Nebenbei bemerkt, eine wenig sympathische, litterarische Erscheinung.

Die Zeit war friedfertiger, die Gegensätze waren weniger scharf, und doch soll man ja nicht den sozialen Charakter der Berliner Karikatur verkennen. Nur weil sie zur Unterhaltung der behäbig-liberalen Bürgerschaft geschaffen wurde, hat sie auch jenen behäbigen Charakter bewahrt, der uns heute anheimelt und uns glauben läßt, es wäre alles eitel Gemütlichkeit und Friedfertigkeit gewesen. In der zweiten Hälfte der vierziger Jahre kehrt sie die soziale Seite nach außen. In dem von Hosemann illustrierten Bändchen Glasbrenners „Verein der Habenichtse, für sittliche Bildung der höheren Stände“ zeigt das Titelblatt einen Handwerker, der seinem reichen Bruder droht: „Schämen Sie sich nich, daß ick in den Wetter so zerlumpt rumlofen muß un nischt zu essen habe, haben Sie denn vergessen, daß ick Ihr Bruder bin?“

Wir haben absichtlich von Doerbeck etwas mehr Illustrationen beigegeben (31—36), als von ihm eigentlich in diesem Rahmen gebracht werden dürften, und damit vielleicht an anderen ein Unrecht begangen: aber die Dinge sind heute fast vergessen, und doch so außerordentlich charakteristisch und witzig, daß wir es schon verantworten können. Gerade die Lebenswerte Berlins haben sich im Gegensatz zu Paris so wenig in Kunst umgesetzt, daß wir uns freuen müssen, wenn wir ihnen einmal in so

Abb. 46. Anonyme Karikatur auf Lola Montez (nach Rubens' gleichnam. Bild). Erschienen: München 9. Febr. 1848. (Sammlung Mai.)

Abb. 17. Ein Heuler.
Aus den „Münchener Leuchtkugeln“.

deinen Blick höher und über die sogenannten Kellerhälse der Häuser hinaus zu richten, du mußt dich um Gott und die Welt und zuletzt auch ein wenig um Politik und Geschichte kümmern‘ . . .“

Und dies that er von nun an in reichlichem Maße. Die Zensur beschnitt ihn nicht: der alte närrische Dichter Langbein — weiland Inhaber der großen Schere — ließ ihn gewähren, bis alle Maßregeln den sieghaften Berliner Witz nicht mehr zu unterdrücken vermochten.

In allem bereitete sich der Umschwung der Dinge vor, selbst in den feuchtfröhlichen

Abb. 19. Ein Wühler.
Aus den „Münchener Leuchtkugeln“.

niemandem recht beachtet wurde — ausgenommen von denen, welchen er seine Schabernacke spielte. Adolf Glasbrenner erhob ihn aus dieser etwas unbequemen Situation, um ihn in eine epochemachende Stellung zu bringen. Er versuchte ihm begreiflich zu machen, was er eigentlich sei: ‚Berliner Witz, du bist kein bloßer, dummer Junge‘, sagte er ihm, ‚du bist das Genie Berlins, der souveräne Geist der Bevölkerung. Wenn du deiner selbst bewußt wirst, so kannst du es zu etwas bringen, so zu sagen, ein Mann bei der Spritze werden. Du mußt dich nur gewöhnen,

Abb. 48. Der Bureaukrat.
Aus den „Münchener Leuchtkugeln“.

Karnevalsblättern des Rheines — die Deutschen hatten, so wie sie wieder zur Ruhe kamen, den alten Humor des Trinkens mit erneuten Kräften aufgenommen. Sie haben ihn bis heute sorgsam gepflegt, als ein schon von Urvätern her überkommenes Erbe, das in Ehren gehalten werden muß: selbst in den Düsseldorfer Künstlerkreisen (gerade die bildenden Künstler sind es, welche sonst in politischen Fragen meist indifferent sind: hierin liegt auch eine große Schwierigkeit für die Leiter politischer Witzblätter, geeignete Illustratoren zu erhalten oder heranzubilden!) — selbst bis dorthin drang die Unzufriedenheit, und suchte, mit Wort und Bild sich

Verbrüderungs-Fest.

„Uns're Brüder im Heere sind erwacht – die Reaction hat den letzten Stoß erhalten!"

Die Redacteure der Reform.

Die Brüder sind im Heer erwacht –
Hurrah! Jetzt haben wir gewonnen
Nun Reaction nimm dich in Acht!
Dein Lebens-Fad'n ist abgesponnen

Ja, sie sind für die Freiheit reif,
Die wackern Brüderchen im Heere!
Wie's Täubchen liebt der Vogel Greif,
So lieben sie auch uns – auf Ehre!

Schau her, schau her! wie inniglich,
Wie fest sie sich mit uns verbrüdern!
Hurrah! das ist recht feuerlich.
Wir können's gar nicht so erwiedern.

In Frankfurt, Schweidnitz, Mainz u. Trier
Ließ man es nicht an Liebe mangeln
Die Mehrzahl brennt schon vor Begier,
Berlin auch ueberall zu wrangeln.

In unsern Strassen wuchs das Gras –
Der Marschall „Drauf!" hat es gesehen
Hurrah! hurrah! Er wird es baß
Von seinen Schnittern lassen mähen!

Abb. 50. Fliegendes Blatt aus dem Jahre 1848.

Geltung zu verschaffen. Im allgemeinen spricht sich sonst im Karnevalsleben, wie in den Narrengesellschaften, eine nüchterne Komik aus, die mit rohen Mitteln, nach dem Schema F. einer auf Paragraphen gezogenen Spießerlustigkeit arbeitet, und die wir daher hier kaum zu berühren brauchen. —

Heine, Börne, Herwegh, Freiligrath waren Vorkämpfer gewesen. Arg waren die Unterdrückungen der Zensur, unter denen das freie Wort zu leiden hatte, der Zensur, welche sich in alles mischte und welche, der für jede geistige und künstlerische Thätigkeit gewesen. Man lachte und spottete so laut und kräftig, wie nie zuvor, und bei allem Ernst, aller Erbitterung, allem Blutvergießen offenbarte man einen prächtig lebensfähigen Humor, einen Witz, der ins Schwarze trifft, ja man verliert selbst im Kugelregen und Kartätschenhagel nicht die gute Laune. Niemals hat der deutsche Humor wieder so tief in das öffentliche Leben eingegriffen. Es ist ja wahr, daß diese Zeit mit ihren unreifen

Abb. 51. Anonyme Karikatur. Berlin. Kommißbrot-Soldat. Beziehungen unbekannt. Schwarzbrot-Bürgerwehr, vielleicht das Gerücht betreffend: Leichen gefallener Soldaten wären in Kähnen nach Spandau geschafft und dort heimlich begraben worden.

z. B. in Berlin, die Bestimmung enthielt, daß neue Theaterstücke erst nach der dritten Aufführung in den Zeitungen besprochen werden durften.

Es blüht der Lenz, es platzen die Schoten,
Wir atmen frei in der freien Natur,
Und wird uns der ganze Druck verboten
So schwindet am Ende auch die Zensur —

singt der unermüdliche Spottvogel Heine.

Es ist eine eigenartige Zeit, dieses 1848, und man mag es beurteilen, wie man will, das eine ist unleugbar, nie hat die deutsche Karikatur eine bewegtere und reichere Zeit durchlebt, und kaum ist ein Jahr befruchtender Wünschen, mit ihrem mißverstandenen Wollen, außerordentlich viel Stoff zu feinerer Komik bot; — keiner hat das wohl stärker zum Ausdruck gebracht, wie der alte Burschenschafter Fritz Reuter in seinem Stavenhagener Reformverein der „Stromtid" — aber es ist doch auch in der gröberen Karikatur jener Zeit ein gesunder Zug gegenüber den Arbeiten unserer westlichen Nachbarn, die unter gleichen Umständen entstanden sind. Geht hier der Spott sofort bis zur höllischen Grausamkeit, wirft man im Augenblick alle moralischen Bedenken über Bord, kämpft mit allen Mitteln, gut oder böse, so bewahrt sich der Deutsche auch hier sein Bestes, seinen Humor, ohne deshalb minder scharf oder treffend zu sein. Ihm kommt der Witz von Herzen, dem Franzosen aus der Galle. Es ist nur ein Gegengewicht, eine Reaktion der Seele gegen die andrängenden äußeren Uebel.

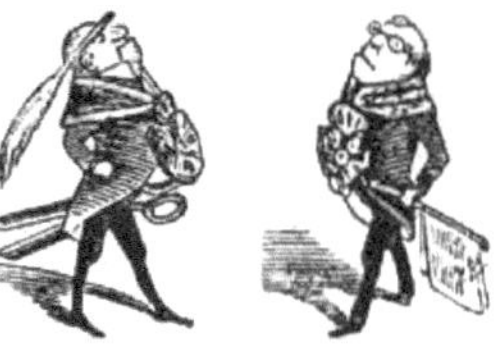

Abb. 52 und 53. Karikatur. Aus den „Leuchtkugeln".

„Das Leben ist so ernsthaft," steht 1848 in dem Vorwort der „Düsseldorfer Monatshefte", „daß es auch dem ernsthaftesten Menschen mitunter zu toll wird, dann sehnt er sich nach einer Erholung und sucht den Dingen eine andere Seite abzugewinnen, indem er nach Laune mit ihnen spielt. Nicht selten kommt alsdann erst die wahre Seite zum Vorschein, öfter noch die schwache, faßbare, — denn alles in der Welt hat seine schwache Seite . . ."

Und es gab viele Schwächen und Jämmerlichkeiten in jener Zeit, viel zu weinen und viel bitteres Unrecht, aber es gab auch viel zu lachen. Zu lachen über den Lärm um nichts, die Kannegießerei und Unreife, die Kleinlichkeit; zu lachen über die Verwirrung bei Fürsten und Volksführern, die nicht wußten, was zu thun, und wie Wetterfahnen hin- und herschwankten; über die roten, langbärtigen Volksführer der Linken, die, wenn ihnen später das Glück gewogen war, Minister wurden und dann, wie die Butterbrote, auf die rechte Seite fielen; über die Dichter, welche glühende Freiheitslieder schrieben und dann, wenn sie vor dem Fürsten ein freies Wort hätten reden können, vor Verwirrung nicht wußten, was sie sagen sollten (Abb. 42): Herwegh, die eiserne Lerche, die in der richtigen Überzeugung, daß der Märtyrer nichts beweist, endlich den besseren Teil der Tapferkeit ergriff. Zu lachen gaben Lola Montez und die friedliche Revolution der Bayern — es ging nur um die Verfassung, nicht um die Bierpreise. — Zu lachen gab es in der Frankfurter Paulskirche, wo man die Siege mit Silben zu Niederlagen umschuf, und Worte das verdarben, was Hände

Abb. 54. Anonyme Karikatur auf die Berliner Bürgerwehr 1848.

errungen. Zu lachen gab es über alles Alte, den Bureaukratismus, den gähnenden, deutschen Michel mit der Schlafhaube, über den Zopf und über die Bürgerwehr, die Kuhfüße, die Kokarden in der Größe der Kuchenteller. Zu allem, was sich ereignete, Woche für Woche, pfiff die Karikatur ihre Spottverse. Wie wenn ein Wehr aufgezogen wird, das lange einen Wasserlauf staute, so brechen plötzlich, nach Beseitigung der Zensur, Druckschriften, Spottblätter in vollen Massen über das Land herein, und man wird stets von neuem erstaunen über die Unsummen geistiger Kräfte, die plötzlich geweckt wurden. Die ersten, deutschen Witzblätter entstanden, die Form der Einzeldrucke wird das letzte Mal in großem Maßstab angewandt. Das Plakat, der Maueranschlag, ernst oder karikaturistisch, hochdeutsch oder im Jargon, hat eine ungeheure Macht gewonnen. Wie stark der Einfluß dieser Anschläge war, und wie mit ihnen alles ausgefochten wurde, das zeigt das Blatt (Abb. 43): „Ein Plakatkampf“, welcher nebenbei zu den besseren der im allgemeinen ziemlich minderwertigen Berliner Arbeiten gehört. Im Jahre 1848 kommt das erste Mal der Tagesschriftsteller, der Litterat zur vollen Geltung; er wird eine wortführende, anstachelnde, richtende Macht. Die gesamte Presse nimmt einen ungeheuren Aufschwung, Leute von geistiger Bedeutung und gewandter Feder, Männer von kaustischem Witz treten in den Kampf ein. Die Tradition — gutes Deutsch zu schreiben — wird noch von Börne, Menzel, Görres bewahrt und ist ihnen noch nicht, wie den heutigen Journalisten, zur frommen Sage geworden. Der Zeitungsverkäufer

Abb. 55. Metamorphose des Marschalls Druff. Karikatur auf Wrangel 1848. (Berliner Krakehler.)

Abb. 56. Karikatur von W. Scholz. Aus dem „Kladderadatsch" 1848. Verlag von A. Hofmann & Comp. in Berlin.

tritt in die Rolle des Eckenstehers, als volkstümliche Figur. Das Leben verlegt seinen Schwerpunkt aus dem Innern der Häuser auf die Straßen. Als gangbarste und schnellste Reproduktionsform wird meist noch die Lithographie oder der lithographische Umdruck gewählt, aber auch der Holzschnitt, welcher ohne jede Schwierigkeit in den Druckspiegel eingefügt werden kann, beginnt wieder an Boden zu gewinnen.

Über die Karikatur des Jahres 1848 hat Eduard Fuchs 1898 eine vorzügliche Sonderpublikation mit reichem Bilderschmuck bei M. Ernst in München erscheinen lassen. Auch Hans Blum „Die deutsche Revolution 1848" (E. Diederichs, Leipzig 1898) bringt eine Unzahl Nachbildungen von Spottblättern, belegt Schritt für Schritt seine Ausführungen mit diesen Dokumenten. Grand-Carteret reproduziert besonders süddeutsche Karikaturen aus den „Leuchtkugeln" und „Fliegenden Blättern", und wir hoffen diese Anzahl von Blättern um manches interessante Stück bereichert zu haben, so daß sich heute selbst der, welchem Sammlungen und Archive nicht zugänglich sind, ein ausreichendes Bild der Karikatur des Jahres 1848 verschaffen kann.

In „Der Kladderadatsch und seine Leute" (Berlin 1898) findet man eine ziemlich vollständige Übersicht der litterarisch-humoristischen Erscheinungen der Zeitschriften, Anschläge, Witzblätter jener Tage, und selbst die wenigen dort angeführten Proben des Inhalts lassen uns ahnen, welch ein seltener Reichtum, ein Stück deutscher Kulturgeschichte in diesen Dokumenten niedergelegt ist. Künstlerisch sind

Abb. 57. Zwei fliegende Buchhändler.

Lude: Nu sag mal Fritze, wat machen wir nu, nu Allens verboten ist?

Fritze: Dat will ick Dir sagen, mein Junge! Du schreist Kladderadatsch aus, und ick denuncier' Dir bei Hinkeldeichen. Ich kriege zwei Thaler und Du eenen Tag Ufhebung der persönlichen Freiheit. Dann schreie ick wieder Kladderadatsch, und Du denuncierst mir, un uf die Art können wir'n Belagerungszustand aushalten.

Kladderadatsch 1848. (A. Hofmann & Comp., Berlin.)

Düsseldorf, Frankfurt, München führend. Litterarisch steht Berlin obenan. Leider sind uns viele der Künstler, aus erklärlichen Gründen, unbekannt geblieben, — bei manchen mag es uns gleichgültig sein, aber in einigen Fällen möchte es uns doch freuen, wenn wir wüßten, wem diese charakteristischen Schöpfungen zuzuschreiben sind. — —

Und doch ist dieses 1848 ein grausames, ein tolles Jahr, das mit Witzen und Lachen über Tausende von Leben und Existenzen hinschreitet, das ganze junge Saaten von Hoffnungen niedertritt. Das grausige Symbol des Jahres bleibt doch der „Tod", der die Menschen in das Verderben führt, der „Tod als Barrikadenkämpfer" (Abb. 39), den uns Rethel geschaffen. Nächst ihm hat nur noch einer diese Tragik des Jahres 1848 voll erfaßt, ein Geistesverwandter, Gigant wie er: Max Klinger in seinen Dramen.

Wie zahlreich die Mißstände waren, welche zu dieser Krisis führten, hat wohl niemand knapper und geistvoller dargestellt, als Theodor Hosemann in dem vorzüglichen „Zug der Tiere" (Abb. 44). Alle Gründe, welche die Revolution schufen, alles, was in dem Jahre 1848 zusammenprallte, ist hier treffend versinnbildlicht, und daß die Geldaristokratie es ist, welche an der Spitze marschiert — die Kornwucherer (mit Nationalkokarde), welche folgen — das zeigt wohl am besten, daß es nicht allein der Liberalismus war, der kämpfte, nicht nur Fragen, wie Preßfreiheit, Versammlungs- und Stimmrecht, um welche man sich stritt; sondern, daß auch diese Erhebung ihre Wurzeln im Proletariat, im vierten Stand hatte.

* * *

Wenn wir der Reihe nach vorgehen, so haben wir zuerst München zu erwähnen, wo Lola Montez und Ludwig I., der Partizipien-Dichter, dem Spott reichlich Stoff boten. Über Lola Montez in der Karikatur ist bereits eine Arbeit in der „Zeitschrift für Bücherfreunde" erschienen, eine größere Publikation mit gegen sechzig Karikaturen auf die „Gräfin von Lainsfeld" bereitet Eduard Fuchs vor. Sechzig Karikaturen! Ein Zeichen dafür, welche Macht die bildliche Verspottung in jenen Tagen hatte. Wir bringen hier den „Engelsturz" (Abb. 46), die künstlerisch am höchsten stehende Arbeit. Lola, getragen vom Gensdarmerie-

Abb. 58. Gespräche an der Berliner Börse.

A.: Nu was habe ich Ihnen gesagt, 3 Tage Belagerungszustand und die Corsche 3 Prozent gestiegen.

B.: Nu was hab ich Ihnen gesagt, wenn ma würd aufhängen alle de Mischttbuers, alle de Litteraten, wer'n mer bekommen Staatsschuldscheine 98½.

A.: 98½? Nu warum hängt man se nich uf?

Kladderadatsch 1848. (A. Hofmann & Comp., Berlin.)

hauptmann Bauer, fährt samt dem suspendierten Corps „Allemania (oder Lolamannia“, wie es genannt wurde) hinab in den flammenden Höllenrachen. Geschart um den bayerischen Löwen stehen Professoren und Studenten, Michael mit dem Flammenschwert, mit dem Schild, auf dem Münchens Wahrzeichen in der Umschrift steht: „Einigkeit macht stark“, stößt sie hinab. Eine zweite Karikatur stellt Lola auf der Tribüne dar, mit einem bärtigen Gesicht, eine stofflich interessante, künstlerisch durchaus minderwertige Arbeit. — Eine dritte ist eine kleine Verspottung (Abb. 45) in altertümelnder Holzschnittmanier aus dem „Berliner Krakehler“, Lola als Hexe auf einem Besen reitend. Viele der Lolablätter befassen sich mit ihren galanten Abenteuern und sind, wenn auch künstlerisch wertvoll, inhaltlich nicht gerade

Abb. 59. Müller und Schulze. Kladderadatsch 1848. A. Hofmann & Comp., Berlin.

salonfähig. Wie man es überhaupt in so erregten Zeiten nicht allzugenau auf die Goldwage legt, was gemeinlich gesagt werden darf, und was nach sittlichem Uebereinkommen nicht in die Debatte gezogen werden dürfte.

Aber außer diesen Einblatt-Drucken hat die Karikatur in München aus dem Jahre 1848 noch einen dauernden Gewinn gezogen. Ende 1847 erschienen die „Leuchtkugeln, Randzeichnungen zur Geschichte der Gegenwart“ (1848 bis 1851); schon vor 1848 waren die „Fliegenden Blätter“ hinausgeflattert. Sie sind durch ein halbes Jahrhundert das führende humoristische Organ Deutschlands gewesen, der Sammelpunkt für fast alle karikaturistischen Talente Süddeutschlands, der Platz der Bethätigung von hunderten, bedeutenden, von Künstlern des Wortes und des Stifts. Ich möchte schon hier

Abb 60 A. Achenbach: Alles besetzt. Düsseldorfer Monatshefte 1848

Abb. 61. Schröder. Düsseldorfer Monatshefte 1848

ein wenig auf den Humor eingehen, der in den „Fliegenden“ eine Heimstätte fand, und nur kurz erwähnen, daß sie ihre ersten Triumphe der politischen Satire zuverdanken, und daß ihnen die Reise des Barons Eisele und seines Hofmeisters Dr. Beisele, der Wühlhuber und Heulmayer, Figuren, welche Caspar Braun erfand, der Staatshämoridarius von Pocci — sowie die witzige Kritik der Zustände, welche sich hieran knüpfte, eine außerordentliche Popularität gaben. Bald aber zogen sie sich völlig von jeder Kritik — sei es nun des sozialen Lebens oder der Politik — zurück, mit übermäßiger Vorsicht, und sie sind vielfach heute deshalb für uns antiquiert und nichtssagend. Fred. Walter, der in der „Kunst unserer Zeit“ (Mai-Heft 1898) eine eingehende Studie über die „Fliegenden“ veröffentlicht hat, charakterisiert die Art des später hier gepflegten Humors zutreffend: Behaglich sehen wir zum Fenster hinaus, und draußen treibt das Narrenschiff vorbei, mit den Narren aller Stände, Geschlechter und Kategorien. Sie treiben vorbei und wissen nicht, daß sie die Schellenkappe tragen, und zeigen ihre Schwächen in naiver Harmlosigkeit, und wir lachen über sie und erkennen sie als Kinder ihrer Zeit. Schon recht, nur schauen wir nicht mehr behaglich zum Fenster hinaus, und haben alle Gründe, nicht mehr an die naive Harmlosigkeit der anderen zu glauben. So haben sie in letzter Zeit heftige Angriffe erfahren, auch

Sie. Ach Herrjes, mein Mann! — ne, ick sage doch, watt der Mensch mir vor'n Schreck injagt. Jch denke du liegst ganz ruhig in'n Friedrichshein

Er. Ne alleweile noch nich, ick wurde man bloſs durch'n Miſsverständniſs en bisken länger in Spandau ufjehalten.

Abb. 62 Th. Hosemann. Düsseldorfer Monatshefte 1848.

einmal von dem Verfasser. Ganz anders aber muß unser Urteil lauten, wenn wir uns fragen, was die „Fliegenden Blätter" geleistet haben, und was ihre Arbeit von fünfzig Jahren für Deutschland bedeutet. Sie haben eine Centrale des süddeutschen und bayerischen Witzes gebildet, die Stelle geboten, wo Künstler wie Busch und Oberländer und Schwind sich ausgeben konnten. Die litterarischen Bewegungen haben dort ihr Gegenspiel, wie ihre Parodie in Bild und Wort gefunden. Der Humor, der zwecklose Humor, wie ihn nur der Deutsche kennt, hat sich nirgends liebenswürdiger geäußert. Die Vervielfältigung, der Holzschnitt hat sich bis zu einer seltenen Höhe entwickelt. Reproduktionen nach Tuschblättern z. B. von Marold wurden dort geschaffen, gut genug um die Mappen der Sammler zu zieren. Gewiß, das soll alles anerkannt werden: die „Fliegenden" waren und sind eine große künstlerische That. Und doch ist selbst der Humor der „Fliegenden" dem Norddeutschen oft fremd; es ist zu bedauern, daß kein norddeutsches Blatt ihnen das Gegengewicht halten kann, daß mit den beginnenden fünfziger Jahren die guten Ansätze des Berliner Humors durch die stete Umformung der Stadt und ihrer Bewohner nie zur Entwickelung kommen konnten, und daß wir hier weder die Kräfte, noch die Schulung und besonders nicht die Stätte und das Entgegenkommen der Massen besitzen. Gerade der in den „Fliegenden" gepflegte Witz besitzt oft nur lokales Interesse, hat als Hintergrund Dinge, Zustände, die dem Norddeutschen fremd und fern; so schätzt man es mehr des zeichnerischen Inhalts als des geschriebenen wegen. Ebeling, Kinkel, Fr. Th. Vischer haben schon vordem diese Unzulänglichkeiten empfunden und ausgesprochen.

Abb. 63. Der wirkliche Geheimrat. Düsseldorfer Monatshefte 1848.

Was uns aber immer wieder zu den „Fliegenden" hinzieht, das ist der Stab zeichnender Mitarbeiter, humoristischer Talente ersten Ranges.

Mehr als die „Fliegenden" hätten uns die so früh verblaßten „Leuchtkugeln" bringen können, die in witziger und treffender Weise das Jahr 1848 glossieren. Sie sind es besonders, welche die Zopfträger verspotten, und mit das Beste an Karikatur des Jahres 1848 wird von ihnen geboten (Abb. 47 bis 49, 52 u. 53). Ist doch sogar ein Kaulbach unter ihren Mitarbeitern.

Wenden wir uns nun Berlin zu. Hier entsteht 1848 der „Kladderadatsch", das einzige Blatt, das durch lange Jahrzehnte der Vertreter der Berliner Kultur war, und zwar wächst es vollkommen aus dem Milieu heraus, aus kleinen Anfängen: „Organ von Bummlern für Bummler." Von Berliner Zeichnern sind nur Hosemann und Scholz namhaft. Ersterer hat sein Bestes in jener Zeit für die „Düsseldorfer Monatshefte" gearbeitet; es sind noch eine Anzahl anonymer Künstler thätig, den meisten thäte man aber keinen Dienst, wenn man sie der Vergessenheit entrisse. Vor allem wäre es nur erfreulich, wenn man

Vergessen.

Von A. Achenbach: Aus den Düsseldorfer Monatsheften von 1848.

feststellen könnte, wer jener mit X signierende Zeichner gewesen ist, von dem, außer den beiden hier vervielfältigten Einzelblättern: „Alarm der Bürgerwehr“ (Abb. 51), „Nach Spandau“ (Abb. 54), noch Eduard Fuchs zwei Karikaturen von hohem, künstlerischem Reiz und überzeugender Kraft bringt. Ein Künstler mit einer eigenartigen Vorliebe für spukhafte Verzerrung, der sich technisch an den Zeichnern des Charivari gebildet hat. Auch Hirschfeld beschäftigte einen nicht unbegabten Lithographen, den Künstler des „Plakatkampfes“ und des „Verbrüderungsfestes“ (Abb. 50). Sonst sind die Dinge, denen wir begegnen, meist roh, handwerksmäßig, besonders der Berliner Holzschnitt ist es; er unterscheidet sich durch eine so entsetzliche Nüchternheit von dem Münchener, daß wir lieber von ihm ganz schweigen. Durch seinen fetten, langweiligen Strich hat er es vermocht, daß man selbst später an dem geistreichen, kräftigen Zeichner Wilhelm Scholz, dem einzigen, der wirklich den Stil der politischen Karikatur erfaßt hatte, keine Freude haben kann.

Abb. 61. Adolf Schrödter: Abenteuer des Abgeordneten Piepmeyer. Frankfurt 1848. Lithographie. (Kgl. Bibliothek Berlin.)

Von den Berliner Blättern, welche bald wieder verschwanden, sind „Der Berliner Krakehler“ (Ernst Littfaß), und die „Tante Voß mit dem Besen“ (Glasbrenner, freie Blätter) witzige Organe, während andere, wie das „Berliner Großmaul“, „Berliner Charivari“, „Teufel in Berlin“, „Ewige Lampe“ weniger von Bedeutung sind. Der illustrative Schmuck der meisten ist geringfügig. Aus dem „Krakehler“, dem einzigen Blatt, dessen Kopf in verschiedenen Farben gedruckt wurde, bringen wir die geistreiche Metamorphose des Marschall „Druff“ (Abb. 55), eine überaus treffende Satire, ein komisches Decrescendo, das seine Wirkung noch heute ausübt.

Desto ergiebiger und reichhaltiger ist aber der Witz, die Karikatur des Wortes, welche in den Zeitschriften und den Plakaten die lustigsten Tänze aufführt. Sie handhabt den Vers mit seltenem Geschick, hat im Berliner Dialekt und im jüdischen Jargon — er spielt 1848 eine starke Rolle — Mitkämpfer, die wirklich wie geschaffen sind für die Mission der politischen Satire, Dr. Cohnfeld und A. Hopf sind die Meister des humoristischen Plakats. „August Buddelmeyer, Tagesschriftsteller mit'n jroßen Bart“, „Ullo Bohmhammel, Vizegefreiter bei de Börgerwehr“, „Nante als Nationalversammelter“, „Rede, geredt zu seine Frau Hannche, von Jakob Leibche Tulpenthal, emanzepierter Israelit aus'n Großherzogtum Posen“ — wie sie verstehen auf die Massen zu wirken, Sprache und Vers zu handhaben, volksrednerisch und doch volkstümlich! Wieviel Schlagfertigkeit und Geist sie besitzen, und wieviel Humor bei allem Ernst der Sache ihnen immer noch bleibt, das ist zugleich erstaunlich und erfreulich. Aus diesen Aufsätzen hätte z. B. das Berliner Chanson entstehen können:

Allens is nu wieder jut,
Bloß der Magistrat nich,
Na, denn laß ihn böse sind,
Ludelin, det schad nich!

Es ist lustig zu beobachten, wie die parlamentarischen Formen, welche die Versammlungswut und Vereinsmeierei gezüchtet, glossiert werden.

Nante zu Brennecke: „Da muß ick Dir aber mit allgemeinem Jelächter unterbrechen!“

* * *

Nante: „Brennecke, gehörst Du einem Klub an?“

Brennecke: „Diese Frage muß ich in verneinendem Sinne beantworten. Det Abends jeh ick nach de Zelten un lasse mir politisch bilden. Ick helfe Komiteemitglieder ernennen for de Adressen, hebe bei de Abstimmung eene Hand auf und helfe demonstrieren. Darauf beschränkt sich meine politische Wirksamkeit.“

* * *

Welche Kritik trotzdem angelegt wurde, und wie der Humor seine souveräne Stellung behauptet und nach rechts und links Hiebe und Ermahnungen austeilt, wenn nötig, das zeigt z. B. das Blatt: „Ihr sollt euch nicht butzkoppen!“ „Ick begreife man nich, wie ihr so verbohrt und vernagelt sin könnt, daß ihr jlauben thut, politische Ideen lassen sich durch viehsische Jewalt fortpflanzen un uffproppen. Is dazu de Presse freijejeben, daß ihr eure Wünsche mit Eisenstangen durchsechten sollt? Ick muß mir ja bei meine Bekannten vor euch schämen. Die sagen mir jradezu: ‚Buddelmeierken‘, sagen se, ‚loof, loof, mit deine janze Demokraten is es och

Abb. 65. Adolf Schrödter: Abenteuer des Abgeordneten Piepmeyer auf der zu konstituierenden Nationalversammlung. Frankfurt 1848. (Königl. Bibliothek Berlin.)

faul; die Kerls haben och nischt verjessen un nischt gelernt!"

Bei scheinbarer Oberflächlichkeit, bei salopper Form, steckt in all diesen Berliner Blättern doch ein gutes Stück Geistesbildung, politischer Reife und künstlerischen Vermögens. Aus diesem ganzen Milieu heraus, in dem sich Volkstümlichkeit und reifer, vergeistigter Humor durchdrangen, ist der „Kladderadatsch" erwachsen, und so will er verstanden sein (Abb. 57 bis 59). Das einzige Blatt, von dem man wirklich sagen kann, es hat die Fahne hochgehalten, wenn es auch im Lauf der Jahre politischen Schwankungen unterworfen war.

Künstlerisch am höchsten stehen Düsseldorf und Frankfurt. Die „Düsseldorfer Monatshefte", welche in letzter Zeit recht selten geworden, waren in Ausstattung und nach dem Stab ihrer Mitarbeiter das vornehmste, je in Deutschland erschienene Witzblatt. Der Text ist reich mit Holzschnitten illustriert, und außerdem sind dem Jahrgange an siebzig Lithographien, meist Zweiplattendrucke — (eine schwarze Platte und eine Tonplatte — Gelb oder Braun, Grünlich oder sogar Rot) beigefügt. Später hat man sogar im Text lithographisch bezw. autographisch die Werke der Künstler vervielfältigt. Textlich sind die „Düsseldorfer Monatshefte" weniger bedeutend, doch kommt der freie, künstlerische Humor manchmal prächtig zu Wort. Glänzend ist die Reihe der Mitarbeiter: Andreas und Oswald Achenbach, Camphausen, Clasen, Hasenclever, Hildebrandt, Hosemann, Hübner, Jordan, Lessing, Henri Ritter, Meyer von Bremen, Sonderland, Wischebrink, Schröder, Schroedter: die ganze Düsseldorfer Malerschule, Historienmaler, Landschafter, Genre- und Anekdotenmaler. Es ist das erste Mal, daß die Karikatur so sich völlig durchsetzt, so ein gemeinsames Streben eines ganzen Künstlerkreises wird. Aber man kann ein sehr fähiger Künstler sein und doch hier vollends versagen. Hier muß eine eigene Begabung vorliegen, welche sich nur bei wenigen der Mitarbeiter findet. Außerordentlich überrascht uns die Gabe des Spottes bei dem Landschafter A. Achenbach, der Arbeiten von satirischer Schärfe und voll malerischer Reize geschaffen hat, wie das bekannte „Metternichblatt". „Vergessen" (Abb. zw. Seite 48/49), der eingeschneite, einsame Soldat, welchem die Eiszapfen an den Mund frieren, ist wohl ohne nähere Beziehung und nur als Angriff auf den Militarismus zu deuten. Auch jenes andere reizende Blättchen ist von geistreich, prickelnder Mache. Sein Inhalt besagt: Metternich und eine andere hochgestellte Persönlichkeit landen in England. Aber der dicke Thorwächter bedeutet ihnen, daß kein Platz mehr, schon alles dicht besetzt wäre. Unter den Figuren über dem Rand der Festungsmauer erkennt man den durch die Karikatur weltberühmten Birnenkopf Louis Philipps. Der Bürgerkönig freut sich, die Ankömmlinge begrüßen zu können (Abb. 60).

Abb. 66. A. Schrödter: Piepmeyer. (Königl. Bibliothek Berlin.)

Ein Beitrag Hosemanns gehört zu seinen charakteristischen Zeichnungen von Berliner Typen (Abb. 62). Eine merkwürdig phantastische Begabung begegnet uns in Schröder, dem wohl die anonymen Rezensenten (Abb. 61) zuzuschreiben sind. Einer der fleißigsten Mitarbeiter aber ist der geistreiche Henri Ritter, ein loser Spottvogel, voller Humor. Man sehe nur den kleinen Blut und Wasser schwitzenden Bürgermeister (Abb. zw. Seite 64/65), die in Ehrfurcht sich neigenden Honoratioren, Blumenpforte, Ehrenjungfrauen und das belustigte Gesicht des reisenden Fürsten ob dieser Kleinstädterei. Schon den Frack des Bürgermeisters möchte man einem Museum übergeben. Auch der Humor des Trinkens, der Feste und Kirchweihen des leichtlebigen, rheinischen Völkchens kommt bei den „Düsseldorfer Monatsheften" nicht zu kurz; vor allen bei dem liebenswürdigen Sonderland und dem feinen Menschenkenner Hasenclever. Das „Lesekabinett" (Berlin, Nationalgalerie) gibt am besten von allen Schöpfungen der Zeit den politischen Übereifer wieder, mit dem man sich auf das Lesefutter der Zeitungen stürzte: die traurigen, eingetrockneten, verstaubten Gestalten, welche diese Bethätigung schuf, sind hier witzig parodiert. Nebenbei ist das Lesekabinett eines der wenigen Gemälde rein karikaturistischen Inhalts. Bis auf die allerneueste Zeit, die eines Th. Th. Heine, hat man es nur ganz selten in Deutschland gewagt, das edle Material auch zu der subalternen Kunst, welcher unsere Besprechung gilt, heranzuziehen.

Abb. 67. Henri Ritter: Politischer Struwelpeter. Blatt I.

Die „Düsseldorfer Monatshefte" sind ein echtes Künstlerorgan, politisch ein wenig indifferent, nicht allzu scharf, aber manchmal nicht ohne Stachel:

„Kennzeichen des Deutschen: Man findet ihn fast nur in seinem Land. Er stirbt, wo er geboren ist, doch hat sich dies seit der Entdeckung Amerikas geändert, seit welcher Zeit er öfters auf der See verhungert. (Hessische Auswanderer.)"

* * *

Amtmann (zu den Auswanderern): „Drüben werden Euch die gebratenen Tauben auch nicht in den Mund fliegen, Bauern!"

„Ja, aber wenn sie's thun, dann essen wir sie allein!"

* * *

Die vier größten Kunstschöpfungen des Jahres 1848 stammen aus Frankfurt und Düsseldorf. Die gewaltigste: Rethels „Totentanz", die witzigste, Adolf Schroedters „Piepmeyer". Als Karikatur die bedeutendste: „Ätzblätter aus dem Frankfurter Parlament" von Friedrich Pecht, und die volkstümlichste Henri Ritters „politischer Struwelpeter".

Rethel (Abb. 39) kommt heute wieder mehr und mehr zur Anerkennung: Gurlitt hat ihm in seiner „Deutschen Kunst im XIX." eine der allerersten Stellen eingeräumt, und wirklich ist seit Dürer und Holbein nichts Wirkungsvolleres, Größeres geschaffen worden, als dieser Totentanz, dessen fünftes Blatt den grausigen Grundgedanken des Jahres 1848 am packendsten zum Ausdruck bringt. Überwältigend ist noch ein anderes Blatt, es zeigt den Tod im Heckerhabit, wie er einer Stadt zureitet: die Cigarre zwischen den Zähnen, die Sense in der Hand, so stuckert der dürre Geselle daher. Ein Anblick — fast so grausig, wie jene Dürersche Zeichnung der Malcolm-Sammlung: der reitende Tod. Und von Dürer und Holbein ist auch die

Peter war stets unzufrieden;
Was die Mutter ihm beschieden,
War ihm niemals gut genug.
Denn in seinem Busen trug
Er ein zänkisch böses Herz,
Trieb mit allem Guten Scherz.
Nicht wie brave Kinder spielen
Wollt' er, nein, nur häßlich wühlen,
Werfen Tisch und Stühle um,
Ruhig sein, das nannt' er dumm.
Alles mußt' er ohne Nöthen
Mit den Füßen ganz zertreten,
Was der Mutter lieb und werth
Und sie immer hoch geehrt.

Sagte mal ein and'res Kind:
„Peter, Du thust wahrlich Sünd'!“
Lacht' er's aus, und zu ihm spricht:
Mündig, reif bist Du noch nicht.
Jedem Kinde gab die Mutter
Einen Apfel und ein Butter-
Brod, das Jedes essen sollt,
Wann und wie es eben wollt'.
„Wären brav sie, wenn sie fort,
Kriegten sie auch Pflaumentort'.“
Doch, kaum ist die Mutter aus,
Und beginnen soll der Schmaus,
Spricht der Peter (böses Kind):
Butterbrod und Aepfel sind
Gut für die, die so zufrieden,
Und ist Bess'res wohl beschieden
In dem Eckschrank sicher dort
Die versprochene Pflaumentort'
Schlechtes nimmt ein Narr nur an,
Wenn er Bess'res haben kann

Abb. 68. Aus Henri Ritters: „Politischer Struwelpeter.“ Geschichte von Peter dem Wühler.

Technik des großzügigen, kräftigen Linienschnittes übernommen. Mit ihnen hat er ferner das gemein, was mit so unheimlicher Wucht zu uns spricht, das „Geisterhafte“ — wie Vischer sagt — der Abgrund der Seele, wo Grauen und Fiebertraum wohnen, Grauen und Fiebertraum, wie in Dürers Apokalypse, die Welt des Jenseits, des Dämonischen. Von allen Beurteilern erfährt er nur durch den geistvollen Arsène Alexandre (l'Art de la Caricature et de Rire), eine absprechende Bewertung, doch ist es klar, daß der Franzose vom Wesen der Revolution eine andere Ansicht hat und für das Herbe, Eckige, Dornige des am Dürerschen erstarkten Stils kein Nachempfinden besitzt.

„Thaten und Meinungen des Herrn Piepmeyer, Abgeordneter zur konstituierenden Nationalversammlung zu Frankfurt am Main.“ Text von J. H. D. (Joh. Herm. Detmold) und Zeichnungen von A. S. mit dem Korkenzieher, dem Küferzeichen (Adolf Schroedter). Über dieses köstliche Bändchen könnte man Seiten lang schreiben. Man sehe sich nur den Herrn Piepmeyer recht genau an (Abb. 64)! Wie prächtig schon die Unterschrift mit dem Schnörkel voll Aufgeblasenheit und Selbstüberschätzung, die Haltung, der riesige Mund, die Schleuse für Phrasen, die Furche von der Nase herab, das Zeichen aller Berufsredner, die herrische Nase, selbst die ehrfurchtgebietende Glatze dieses Piepmeyer, in dessen Kopf es so wirr wie in einem Kramladen aussieht, dem Politik nur ein Geschäft ist, in das ihn sein Ehrgeiz treibt; der stets die Konjunktur benutzt und von ganz links nach ganz rechts schwenkt, zum Schluß nach Berlin fährt, um dort Minister zu werden — wir verfolgen ihn durch alle Phasen seiner ruhmreichen Laufbahn; wir sehen ihn begeistert und zweifelnd, redend — die Paulskirche entleert sich schleunigst; sehen ihn zu Haus vor seiner Familie, seinen Wählern — denen er je nach Bedarf die unwandelbare Festigkeit seiner monarchischen oder republikanischen Gesinnung versichert; sehen, wie er erst sich rot gebärdet, sich einen Bart stehen läßt und sich den Parlamentshut kauft (Abb. 65), sich darin übt, die heldenmütig entblößte Brust den Spitzen der Bajonette der Soldaten preiszugeben, und wie er dann Tanzstunde nimmt, sich wieder rasiert und unter Orden und Epaulettes sich wohl sein läßt (Abb. 66). Die Neugier treibt ihn sogar einmal in die Registratur der volkswirtschaftlichen Abteilung, und dort staunt er die Bibliothek an. Ein ganzes Fach voll Werken über die Verbesserung von Hosenträgern,

Abb. 69. Burger: Karikatur auf v. Soiron.

ein anderes über die Benutzung der Cigarrenasche als Düngmittel, ein drittes über verschiedene Mittel gegen Ungeziefer. Nur in einem kleinen Fach ist gar nichts, kein Blättchen: zur deutschen Reichsverfassung.

Und wie witzig ist das gezeichnet! In einer Technik, die in ihrer scheinbaren Naivität sich allem anpaßt und schon das Geheimnis der Wirkung — den Hauptzug der modernen Karikatur, erfaßt hat: Viel zu geben mit wenig Mitteln. Die Anordnung des Ganzen, wie die Technik ist wohl nicht unbeeinflußt von Toepfer, ebenso wie die Art der Reproduktion die gleiche ist; Federzeichnung autographisch auf den Stein übertragen.

Vom politischen Struwelpeter, einem Buch mit zwölf schön kolorierten und verständlichen Tafeln für deutsche Kinder unter und über sechs Jahren, — eine geistreiche Nachbildung des Hofmannschen — sind so reiche Illustrationen beigegeben (Abb. 67, 68), daß hier ein weiteres Eingehen übrig erscheint. Nur noch die paar Verse zu dem vielköpfigen Ungeheuer:

Sieh einmal hier steht er,
Der deutsche Struwelpeter,
Viele Köpfe hat er,
Manche Unart that er,
Teils ist er guter Royalist,
Teils mäßig und teils Terrorist,
Bald ist er Preuß', bald Öst'rreichs Kind,
Bald lutherisch, bald röm'sch gesinnt.
Bald ist er Wühler, Heuler bald,
Er trägt ein Röcklein morsch und alt,
Aus sechsunddreißig Flicken
Bedeckt's ihm kaum den Rücken.

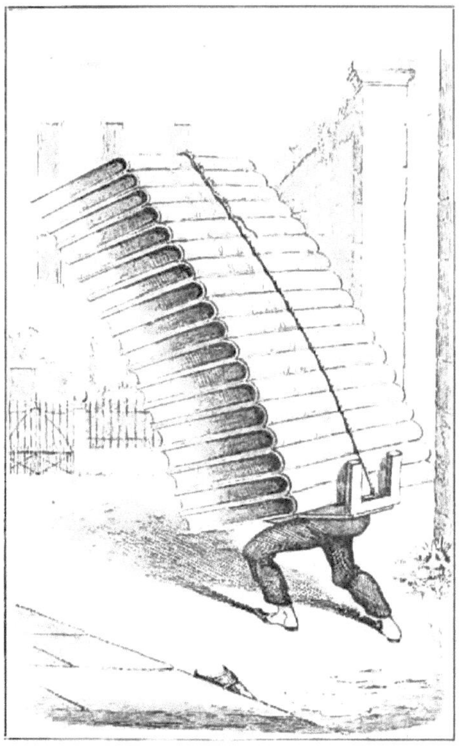

Abb. 70. Anträge für die Nationalversammlung. Aus den Pfennigsmagazinen. (Sammlung E. Mai.)

Von allen Blättern, welche das Parlament betreffen, und deren gibt es eine große Anzahl, auf die einzelnen Führer, auf wichtige Ereignisse, Reden, Maßregeln, stehen (Abb. 69—74) — trotzdem die drei Radaubrüder der Linken (Abb. 73) witzige und tüchtige Arbeiten sind — obenan die Ätzblätter zum Frankfurter Parlament von Pecht (Abb. 76). Diese Parlamentskarikaturen von trefflicher Zeichnung, unerbittlicher Charakteristik und einer Satire, wie sie kaum wieder geboten worden ist, sind, besonders im „Ministerium der Gegenwart“ und dem „Ministerium der Zukunft“, gradezu einzig in Deutschland. Sie erinnern an die Parlamentskarikaturen Daumiers und des modernen Léandre in ihren giftigen Verzerrungen. Zu der Parlamentsschaukel besagt eine Ermahnung im Sinn und der Gestalt der Kapuzinerpredigt, nicht so wild zu wippen und mehr nach der Mitte zuzurücken, sonst möchte Brett und Bock zusammenbrechen, und sich mancher in die blaue Luft setzen. Noch höher als Pecht steht vielleicht Eduard Steinle — der Madonnenmaler — als Karikaturist. Was er für ein feiner, ausdrucksvoller Zeichner ist, dafür mag das Gesicht des alten, gichtischen Monarchen Zeugnis ablegen (Abb. 75), in dessen geschwächtem Hirn nur ein matter Verständnisschimmer aufleuchtet für das, was ihm Jungfrau Germania hier mitzuteilen hat. Aus Württemberg und Baden sind mir keine künstlerisch bedeutenden Karikaturen begegnet. Pfau, der geistreiche Ästhetiker, gab in Stuttgart den „Eulenspiegel“ heraus; „Das neue Lied vom Hecker“ und das vom „Struwwelputsch“ (auf Struwe) finden sich in den „Musenklängen aus Deutschlands Leierkasten“ (Leipzig, um 1850) einem mit hübschen, für die Zeit charakteristischen Holzschnitten gezierten Bändchen.

Seht, da steht der große Hecker
Eine Feder auf dem Hut,
Seht, da steht der Volkserwecker,
Lechzend nach Tyrannenblut,
Wasserstiefeln, dicke Sohlen,
Säbel trägt er und Pistolen,
Und zum Peter saget er:
Peter, sei du Statthalter!

Auch Leipzig und Dresden haben manches zur Karikatur beigesteuert, so ist jenes Blatt, auf dem man den Kanonen so tiefe Reverenz erweist, daß die Zöpfe nur so fliegen, Leipziger Herkunft (Abb. 77).

Das tolle Jahr ist für die Karikatur von großer Bedeutung gewesen, ja, es ist das eigentliche Geburtsjahr der deutschen Karikatur. Jetzt sind wir künstlerisch stark genug, um keiner Anleihen mehr zu bedürfen. Unter Kanonendonner ist die deutsche Karikatur aus der Taufe gehoben worden, und sie hat kräftig geschrieen. Sehen wir jetzt einmal, wie sie sich weiter entwickelt hat. Aber wir können ihr nicht mehr Tag für Tag folgen. Nur hie und da können wir einen raschen Blick auf ihre Wandlungen werfen, eine knappe Würdigung ihrer vorzüglichsten Vertreter anstreben.

* * *

v. Binte

Abb. 71. Parlamentskarikatur. (Sammlung E. Mai.)

Mit dem Beginn der fünfziger Jahre tritt die politische Karikatur ein wenig wieder auf der öffentlichen Schaubühne zurück, aber ganz entwöhnt man sich ihrer nie mehr. Humoristische Witzblätter entstehen, wenige halten sich, viele verwelken — um mit Heine zu reden — noch ehe sie geblüht. Es seien erwähnt, mit Ausnahme derer, welche heute noch in Flor stehen:

Die Berliner illustrierte Montagszeitung von Glasbrenner.
Berliner Dorfbarbier (1879),
Berliner Feuerspritze (1853 bis 1856),
Humoristische Blätter, Berlin (1884),
Der kleine Reaktionär (1862 bis 1864),
Schalk, Stuttgart, Leipzig, Berlin (1878),
Berliner Wespen (Stettenheim, Berlin),
Leipziger Charivari (1858),
Deutsche Reichsbremse, Leipzig (1849—51),
Puck, Leipzig (Konstantin von Grimm. 1876—78),
Ericeri, Dresden (1877),
Doktor Eisenbart (Reinhardt, Dresden 1873),

Industrieller Humorist (Hamburg 1868),
Figaro, München,
Hofbräuhauszeitung, München (1880),
Neue fliegende Blätter, München (1881),
Neuer Kikeriki, München (1882—83),
Münchner Punsch (1874—75, Martin Schleich),
Eulenspiegel (Stuttgart, Pfau, 1848 bis 50, 51—52, 62—63),
Krokodilsthräne (1884, Stuttgart),
Die Frankfurter Laterne (Redakteur der Dialekthumorist Stolze, 1860),
Trumpfaß (Düsseldorf 1853—60).

Auch viele Zeitschriften wie „Über Land und Meer", „Gartenlaube" u. s. f. hatten ihre humoristischen Ecken; das Bedürfnis für Karikatur war ein allgemeines geworden. All diese Blätter sind entweder schon heute eingegangen oder spielen doch nur eine untergeordnete Rolle, so daß wir nicht weiter auf sie eingehen werden. Von allen sei nur der Frankfurter Laterne, dem Schalk, den Berliner Wespen, der Illustrierten Montagszeitung ein rühmliches Andenken gewahrt. Es soll hier nicht gerechtet werden, wie wenig künstlerisch meist die Leitung, wie untergeordnet die Stellung, wie ausdruckslos die Art der Vervielfältigung, — nicht gerechtet werden, ob diese Blätter nun wirklich das gegeben, was sie hätten geben können, oder ob nicht an ihrer Stagnation und ihrer langsamen Auflösung ein völliges Verkennen der Aufgaben der Karikatur, eine künstlerische Unbildung schuld war. Oder ob es schwer war, Zeichner von Bedeutung für sie zu gewinnen, während heute eine bessere Schulung, ein reiferes Können einer ganzen Künstlergeneration eigen ist. Was der Mehrzahl der Illustratoren — ich rede hier nur vom breiten Troß der Namenlosen, der Eintagsfliegen — fehlt gegenüber selbst denen, welche heute an zweiter und dritter Stelle stehen, das ist das Zeichnenkönnen, das Naturstudium, der malerische Sinn, die Glaubhaftigkeit. Phantasie, Gestaltungsgabe, Humor sind oft entwickelt, aber das „Wie" der Mache hält nicht Schritt mit ihnen. Die „Fliegenden" haben diesen Hauptzug des deutschen Künstlers von damals fein verspottet: Einem englischen, einem französischen, einem deutschen Maler gibt ein Mäcen den Auftrag, ein Kamel zu malen. Der Franzose geht in den jardin des plantes und malt es dort, der Engländer fährt in die Wüste, um das Tier in seiner Umgebung zu studieren, der Deutsche aber geht in sein stilles Kämmerlein und schöpft das Kamel aus der Tiefe seines Gemütes. Trefflicher kann das nicht gesagt werden, und so möchte ich der alten Karikatur — im allgemeinen — nachsagen: sie ist im stillen Kämmerlein ersonnen, geschöpft, wie das Kamel, aus der Tiefe des Gemütes. Die Moderne aber ist draußen erlebt, gesehen im Leben und kräftig erfaßt mit malerischer und zeichnerischer Schulung. Und deswegen beginnt sie auch eine andere Stelle einzunehmen, eine andere Rolle zu spielen, als vordem.

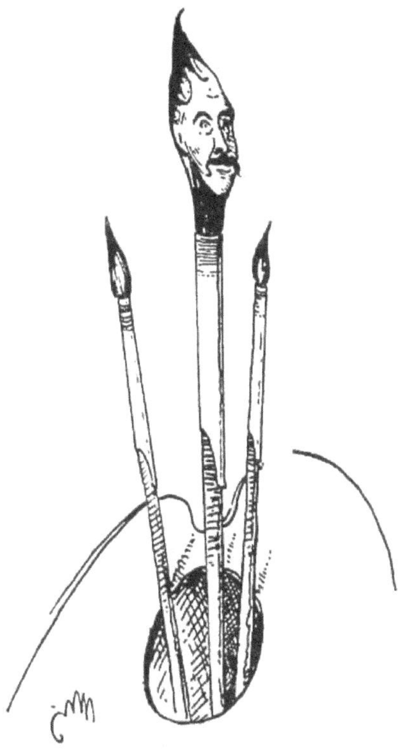

Abb. 72. Der Parlamentspinsel. (Sammlung E. Mai.)

Neben diesen Witzblättern sind noch viele Zeitschriften zu erwähnen, welche nur im engeren Kreis der Künstler Verbreitung fanden. So die Münchener „Allotria",

Abb. 73. Erste Räumung der Galerie. „Was wird nun die arme Linke ohne uns anfangen.“ Anonyme Karikatur. Frankfurt a. M., Wagner, 1848. (Sammlung E. Mai.)

1882, und die „Kneipzeitung“, karikaturistische Blätter des Düsseldorfer Malkastens; überhaupt ist der deutsche Humor überall da zu seinem Recht gekommen, wo sich unter den Künstlern ein engerer Zusammenschluß gebildet hat. In Einladungen für Feste ist manche Perle der Karikatur niedergelegt worden. All diese Dinge drangen aber kaum in die Öffentlichkeit. Der „Kunst für Alle“ verdanken wir hier manche schätzenswerte Mitteilung; so über Künstlerkarikaturen von Kaulbach, Stuck, Nagel, des Malkastens u. s. f. Für den Humor der Berliner Künstlerschaft finden sich in der Akademie der Künste und der Sammlung Mai reiche Belege.

Der Berliner Witz, die Berliner Kultur spricht sich am ehesten im „Kladderadatsch“ und seinen Publikationen, Kalendern, Plakaten aus. Scholz schafft aus dem Milieu heraus Schilderungen des öffentlichen Lebens. Reinhardt, der feine Bilderhumorist, der vorzüglich für Leipziger Verleger gearbeitet hat, sei genannt. „Der Löwe kommt“ ist eine noch heute beliebte Bilderhumoreske. Auf einem Jahrmarkt ist der Löwe aus der Menagerie ausgebrochen und ruft ein belustigendes Tohuwabohu der Panik, ein wüstes Durcheinander von Menschen, Hunden, Dingen, einen aufgeschreckten Ameisenhaufen kleiner, wimmelnder Wesen hervor. Und in all diesem

Tagesordnung vor der Paulskirche während den Waffenstillstandsverhandlungen.

Abb. 74. Frankfurter Karikatur. (Sammlung E. Mai.)

putzigen Hasten und Jagen, Durch- und Uebereinanderfallen, das voller komischer Episoden ist, nur ein ruhiger Punkt: ein kleines, zitterndes Männchen in einem Rollstuhl; ruhig und treu harrt der Pudel bei ihm aus, während der Bediente das Weite gesucht hat. Es ist der Künstler selbst, welcher an den Füßen gelähmt war und im Stuhl gefahren wurde.

Herbert König, der geistvolle Zeichner, von dem in der Montagszeitung einige treffliche, lithographische Beigaben erschienen sind, so: zum Jubiläum Gerns; so: David Kalisch auf dem Schoß Thalias, in den Armen den Kladderadatsch haltend (siehe „Kladderadatsch und seine Leute"), — ist zu Unrecht fast vergessen. L. Löffler, der Berliner Gavarni, der für den „Dorfbarbier" gearbeitet hat, ist ein interessanter Sittenschilderer; besonders ist es die Frau um 1860, die sich in seinen Werken spiegelt, nur trägt er zu viel der französischen Grazie in die doch weniger eleganten Berliner Verhältnisse. Auch der Witz schmeckt manchmal etwas französisch, und die Untreue und Flatterhaftigkeit der Saison-Liebsten, wohl auch die Halbwelt und ihre Anschauung spielen schon ein wenig mit hinein. Die Silhouette erfährt eine Neubelebung, und hier ist manches Reizvolle, Poetische, Graziöse, Witzige geleistet worden. Grand-Carteret weist darauf hin, daß hier eine Bethätigung wäre, die echt deutsch sei und ein spezifisches Ausdrucksmittel unserer Eigenart bilden könnte. Besonders sind es illustrierte Blätter, welche die Silhouette pflegen. Als Künstler von Bedeutung sind Schulz und Ahrendts zu erwähnen und vor allem der leider so früh verstorbene, graziöse Paul Konewka (1840—71). Das „Faustalbum" (Amsler und Ruthardt 1864), „Der Sommernachtstraum" (Bassermann, München) sind allbekannt. Nannte doch selbst Men-

Abb. 75. Eduard Steinle. Frankfurt. Dem „ältesten deutschen Monarchen" wird die Kaiserkrone angeboten (Sammlung v. Lipperheide.)

Simon v. Trier — Itzstein, Schaffrath — Hartmann, Blum — Vogt — Vinke — Gagern — Soiron — Zitz

Abb. 76. Pecht. Die Parlamentsschaukel. (Sammlung v. Lipperheide.)

zel den „Osterspaziergang“ die beste Illustration zu Faust. J. Trojan, der Schwager des Künstlers, hat in den Velhagen & Klasingschen Monatsheften eine Würdigung von Konewkas Fähigkeiten gegeben. Und noch heute, wo uns die Silhouettenkunst fremd geworden ist, und uns die schwarzen, bewegungslosen Schatten, mit den kleinlichen, prickelnden Umrißlinien, mit den Kunststücken der Schere nur wie Kuriosa erscheinen, noch heute wirkt Paul Konewka. Auf der Illustratorenausstellung 1897 im Akademiegebäude trat er in der historischen Abteilung, — trotz Richter, trotz Schwind, — frisch und unmittelbar vor uns hin, nicht verstaubt noch antiquiert. Sein vornehmes, ansprechendes Talent wird ihm noch lange Zeit Freunde schaffen.

Ein Münchener Silhouettist, der für die „Fliegenden“, ebenso für Bilderbogen des Braun und Schneiderschen Verlages viel gearbeitet hat, ist Theodor von Kramer. Er steht aber bedeutend unter Konewka.

Im Anschluß hieran — wenn auch nicht im Zusammenhang, denn er nimmt eine Sonderstellung ein, — möchte ich Albert Hendschel erwähnen. Was uns heute wieder zu ihm hinzieht, das ist das Zeichnenkönnen — nicht im akademischen Sinne —, das aus seinen Werken, seinen Skizzenbüchern spricht. Dieses Fahrige, Verflatternde der Linie, die wie eine künstlerische Impression wirkt und doch von feinster, genauester Beobachtung von Form und Licht zeugt; der Geist, mit dem das alles gemacht ist, das scharfe Auge, welches es gesehen! Was er gibt, ist unschuldig: witzige Typen, irgend ein komischer Vorgang aus der großen Welt oder, lieber noch, aus der kleinen der Kinder; ein Schusterbube; ein Malerlehrling, der ratlos auf dem Gerüst steht und sich nicht vor- und rückwärts getraut, da man ihm den Hut über das Gesicht geschoben hat: mit einem Wort: karikaturistische Anekdoten — oft treffend in den Typen. Wir haben für sie ja heute nicht allzuviel

Abb. 77. Leipziger Karikatur von 1848.

mehr übrig, und doch sehen wir die Werke Hendschels gern an, wir erfreuen uns daran, wie jemand mit so unschuldigen, ungetrübten Blicken in die Welt sehen, so harmlos als Mensch und dabei so geistreich als Künstler sein kann. Wieweit Hendschel für das Frankfurter Leben das Richtige getroffen, wie weit seine Typen der Zeile der Wirklichkeit entsprechen, vermag ich nicht zu entscheiden.

Da wir gerade bei dem liebenswürdigen Humor verweilen, so müssen hier endlich zwei Künstler genannt werden, die eine ganze Welt für sich bilden. Feine, stille, friedfertige Humoristen, deutsche Poeten in allem, was sie anfassen mögen. Die wärmende, goldige Sonne des Humors, das liebevolle Sich versenken, Einspinnen, Hineinträumen, Zauber in Haus und Stadt, Märchen in Wald und Feld, Lust am Plaudern, am Fabulieren, ein Hauch von Romantik, und doch kerngesund im Herzen — wer dächte da nicht an Schwind und Richter?

Schwind und Richter sind in Vielem Vorläufer der Moderne gewesen, und eine deutliche Linie führt von ihnen herab zu Hans Thoma. Wir hätten Richter längst erwähnen sollen, seine Thätigkeit hat schon früh in den dreißiger Jahren ihre Höhe erreicht und bleibt durch Jahrzehnte unvermindert an Kraft und Schönheit. Niemand hat zu Richters Kunst geistvollere Kommentare gegeben, uns besser gezeigt, wie sie in ihm verwachsen, und welche Eindrücke ihn bestimmten, wie das Milieu, in dem er lebte, ihn erzogen hat, als er selbst. Seine Autobiographie reicht in manchem an Goethes Wahrheit und Dichtung heran, so klar, liebenswürdig und anschaulich sind Menschen, Zeitläufe, Verhältnisse, Umgebung gezeichnet. Es ist eines der wichtigsten Dokumente über die Kunst der ersten Hälfte des Jahrhunderts und zeigt wiederum, daß es die Schaffenden sind, welche gleichzeitig das Beste über ihre Kunst zu sagen vermögen.

In Richter verkörpert sich uns eine schon verstorbene Welt, die des kleinbürgerlich-deutschen Hauses, wo in traulicher Einfalt, in schlichter Religiosität die Menschen dahinleben, tagsüber fleißig ihrer Thätigkeit obliegen, abends mit den Kindern spielen oder still auf den Bänken vor ihren Hütten sitzen, und in den klaren Himmel schauen, in den noch scharf die Linien von Bäumen und Büschen, Giebeln und Türmen hineinschneiden, während fern Wald und Feld schon verdämmern; wo die Hausfrau kocht, backt, alles blitzblank hält, wo alte Großväter schmauchend im Sorgenstuhl sitzen und Großmütter am

Ofen den lauschenden Kleinen vor dem Schlafengehen Märchen erzählen von verwunschenen Prinzessinnen, von Hänsel und Gretel und der bösen Alten im Knusperhäuschen; einer Welt, die unschuldig lacht und sich freut über die kleinen Vorkommnisse im Hause. Der Männer Politik spielt im Wirtshause und gebärdet sich superklug vor abgehobelten Tischen. Eine Welt der niedlichen, artigen Kinder mit Pausbäckchen und Patterbeinchen und der keuschen Jungfrauen mit Gretchenzöpfen, die züchtig und ehrsam ihre Blumen am Fenster gießen, während Wanderburschen von staubiger Straße die Hüte schwenken und zu ihnen hinaufgrüßen. Aber auch Originale gab es in jener Welt mehr als genug: Hagestolze, die den Anschluß verpaßten und nun bei einem Glase Wein philosophieren; dicke, würdige Bürger mit Cylinder und spanischem Rohr mit Goldknopf; Nachtwächter mit Tuthörnern und schnurrbärtigen Spitzen. Und Volksfeste, Jahrmärkte gab es für die kleine Welt und für die große mit Karussel und Würfelbuden, wo man an Kasperltheatern, Seiltänzern, Bajazzi sein Kunstbedürfnis befriedigte. Es ist ein liebes, lustiges Völkchen, frisch, lebhaft. In einem hübschen Landstrich haust es, dort an der Elbe, wo Hügel zu dem Fluß abfallen, und unten im engen Thal am Silberband kleine, rote Städtchen liegen mit malerischen Winkeln, Giebeln, Erkern; wo in den Wäldern von Laub und Nadel, an den Bächen üppige, breitblätterige Pflanzen stehen, wo die blumigen Wiesen sich hügelan ziehen in sanften Linien, und jubelnde Kinder durch das Feld streichen. Jene ganze Welt muß in der Betrachtung einen gewissen Humor enthalten, eine Liebenswürdigkeit, Frische, etwas Trauliches, Märchenhaft-Deutsches. Humor im Gegensatz zur Umwertung der Großstadt, z. B. Berlin, London, Paris, welche stets einen Beigeschmack von Ironie haben wird.

Die Poesie der kleinen Elbstadt, ihr Verhältnis zur Landschaft hat uns heute ein Moderner wieder näher gerückt, der insofern ein Nachfolger Richters ist: Zwintscher aus Meißen; auch er Humorist, ein fast unbekannter, aber durchaus eigenartiger Künstler.

Abb. 78. Der deutsche Michel von Fremden bedient. 28. Juni 1848.

Inwieweit man übrigens Richters Werk — er war hauptsächlich illustrativ thätig für den Holzschnitt und schuf im Sinne der Linientechnik — als karikaturistisch bezeichnen kann, ist schwer zu entscheiden. Die beiden Illustrationen unseres Bandes tragen jedenfalls karikaturistisches Gepräge, und auch manches zum Studentenleben, zum Leben der Trinkstube, Illustrationen zu Musäus, Typen von Volkssängern, Zeichnungen zu Volksliedern, zu Gedichten von Hebbel oder Klaus Groth mag mit in unser Gebiet hinüberragen.

Abb. 79. Karikatur auf die geplante Kaiserkrönung. 1818.

Anders wie Richter — und doch ihm nah verwandt — ist Moritz von Schwind (geb. 1804 zu Wien, gest. 1871 zu München). Liegt bei Richter der Schwerpunkt seines Schaffens eigentlich im deutschen Hause, so liegt er bei Schwind draußen im deutschen Wald, in der Natur. Im mittel- und süddeutschen Gebirgswald mit seinen reichen Formen hat er seine Märchen erlebt, und alles was er anfaßt, wird ihm zum Märchen: die Freude am Fabulieren, Ausspinnen liegt ihm im Blut. Farne, Moose und Steine, starre Tannen in engen Waldthälern, Bäche, die über Platten rieseln und in feinen Strahlen zu kleinen, klaren Becken herabsickern, Wurzeln, die sich über den Felsen ziehen, geduckte Weiden mit dicken Knubben, Pilze, die einbeinig Wacht halten, Rehe und Häslein, die durchs Gebüsch schlüpfen — alles wird ihm zum Märchentraum. Aber es ist nie die düstere, bedrängende Macht, nicht die unheimliche Gewalt zwischen Tag und Nacht, nicht brodelnder Nebel wie im Erlkönig, nicht Hexenspuk und Geisterbann: es ist die helle, liebe Freude an der Natur, das Sicheinleben, es ist der Kranz des Dichters auf dem Haupt, und ein Zauber ist in dem Kranz.

Saß ich am Bache, so tauchten und sprangen
Hervor aus der Flut mit ihrem langen
Silberschleier und flatterndem Haar
Die Wasserbachanten, die Nixenschar.

O schöne Zeit, wo voller Geigen
Der Himmel hing, wo Elfenreigen
Und Nixentanz und Koboldscherz
Umgaukelt mein märchentrunkenes Herz.

Bürgermeister. Durchlauchtigster Herr und Fürst! Es grüſsen Dich Hunderte! es grüſsen Dich Tausende! es grüſsen Dich Hunderttausende —

Fürst: — — Die Gesellschaft wird mir zu groſs, ich habe jetzt keine Zeit zu verlieren, bitte grüſsen Sie wieder, aber **jeden einzeln**. —

Von Henri Ritter: Aus den Düſſeldorfer Monatsheften von 1848.

Abb. 80. Frankfurter Karikatur.

So klagt Heine in seiner Matratzengruft um Verlorenes.

Und was uns so zu Schwind hinzieht, das ist sein märchentrunkenes Herz; dabei ist der Mann im Leben alles eher wie Romantiker, keiner, der sich in seinen Träumen verliert und in weichen Tönen des Ungreifbaren zerschmilzt — Schwind ist sensibel, aber doch kerngesund; reizend ist die kleine Aquarelle von ihm (aus der Sammlung Maillinger), die Grand-Carteret reproduziert hat: Ein kurzer, dicker Philister mit Münchener Bierbauch, weißer Weste, kurzen Elefantenbeinen, Spießerrock, Spießercylinder, Spazierstock, — und diese Selbstkarikatur trägt die Unterschrift: „Da moane die Leut', wenn oaner g'sund ausschaut, könnt' er koan g'schickter Künstler sein! Schaut's nur mi an!"

Und geschickt als Künstler ist Schwind noch zu allen seinen sonstigen Vorzügen, er konnte sogar malen in unserem heutigen Sinne, man sehe sich nur die beiden Bildchen der Schack Galerie an „Auf der Hochzeitsreise" und „Am Fenster". Wer die Keuschheit einer Morgenstimmung, den klaren Lichteinfall in ein Zimmer so wiedergeben kann, ist ein Maler. Und wie wunderbar ist bei ihm die Komposition der Dinge, wie fügen sich die Figuren zu einander, passen sich in den Raum ein, wie klar und frisch ist die Bewegung erfaßt, wie

Abb. 81. W. Ammon: Der letzte Censor. Berlin 1848.

die Franzosen mit all ihren Rotspöhnern und Champagnern verstecken . . .“

Bevor wir uns nun etwas eingehender mit der süddeutschen Karikatur, dem süddeutschen Humor dessen Würdigung in der Geschichte der Fliegenden Blätter eingeschlossen ist — befassen, wollen wir auf Kaulbach, Oheim und Neffe, hinweisen. Es ist eigenartig, wie in diesen beiden Künstlern, deren ganze Begabung nichts weniger als karikaturistisch genannt werden kann, ein Gegenpol zu ihrer sonstigen Natur zu stecken scheint. Die karikaturistisch-satirischen Kompositionen des Älteren sind „Der Verbrecher aus verlorener Ehre“, „Totentanz“, „Das Narrenhaus“ (vergl. Hogarths letztes Bild aus dem Leben eines Liederlichen), der „Reinecke Fuchs“ (Abb. 95) und dann noch einige, ein wenig kräftige Dinge. Was all diese Sachen auszeichnet, ist Geist und Größe, ein kühner, kräftiger Zug. Und wenn, — wir mögen es zugeben oder nicht, — uns die Fresken im Neuen Museum belanglos geworden sind, und es vorzüglich durch Muthersche Publikationen zum guten Ton gehört, von dem nicht Zeichnen- und Komponieren-können, dem akademischen Schema F., der schönen Linie, von langweiliger, steifer, gemalter Weltgeschichte, didaktisch-philosophischer Afterkunst zu reden, wenn wir diese ganze Schaffenszeit für Deutschland als verloren betrachten, wenn jeder Schuljunge Kaulbach Eklektiker nennt, — — — wenn das alles zum künstlerischen Glaubensbekenntnis gehört, so sollen wir doch lieber, ehe wir

viel Geist und Laune spricht aus jedem Zug; wie ist die Technik, der Linienschnitt verstanden und zur höchsten Wirkung ausgenutzt! Es gehört mit zu den ungetrübtesten Freuden, die man an deutscher Kunst haben kann, wenn man das Schwind-Album von Braun und Schneider durchblättert. Dinge wie „Der gestiefelte Kater“, „Herr Winter“, „Der Teufel und die Katz’“, das sind Perlen, blinkend und blitzend von Humor und phantasievoller Gestaltungskraft.

Und wenn ich Schwind und Richter betrachte, wenn ich vor Böcklin und Thoma stehe, dann muß ich immer daran denken, wie mir einmal ein sehr guter Rheinwein vorgesetzt wurde, und der Spender in gerechtem Stolz bemerkte: „Man mag sagen, was man will, aber hinter einem wirklich guten Rheinwein können sich doch aburteilen, auch die andere Seite seines Schaffens betrachten. Tierkarikaturen, wie die zu Reinecke Fuchs (Abb. 96) gibt es nicht viele, selbst bei Oberländer. Zugegeben, daß ein Hokusai die Tiere besser kennt und zeichnet, ein Heine doch ganz anders die Hundetypen individualisiert, die Rassen auseinander hält, aber eine so geistreiche Übertragung menschlicher Eigenschaften und Gefühlsäußerungen auf Tiere hat noch niemand nach Kaulbach fertig gebracht. Die Folgen allgemeiner Bezechtheit: Aussöhnung alter Feinde, Verbrüderung, Zärtlichkeit und Selbstmordgedanken, stumpfsinniges Insichhineintrinken; äußerste Höflichkeit, äußerste Lustigkeit sind hier vertreten; eine ganze Gesellschaft ordensbesternter Würdenträger hat sich gütlich gethan. Der einzig Nüchterne in der ganzen Sippe ist das untergeordnete Aeffchen im Vordergrund. Höhnisch lacht es über den Knoten, mit dem es die Schwänze seiner königlichen Herrschaft verknüpft hat. Aber die Betroffenen merken nichts davon, denn sie haben Besseres zu thun. Was dieses Blatt so auszeichnet, das Restlose der Wiedergabe der Affekte, im völligen Verschmelzen des Mensch- und Tiercharakters, — ist eine bittere, große Satire.

Friedrich August von Kaulbach ist mit seiner Karikatur nur in engem Kreis geblieben; er hat die Künstlergesellschaft beim Kegelschieben parodiert, hat für die Allotria manches Blatt geschaffen. Von besonderer Komik ist die „Lenbachiade“: der große und lange Porträtist mit der schlanken Taille, den Haaren des Hauptes und des Bartes, welche alle in geschwungenen Linien gen unten streben, und der großen, goldenen Brille mit den kreisrunden Gläsern wird hier hergenommen; diese Brille begleitet ihn auf allen Lebensphasen, schon als Säugling — an den Brüsten der Kunst — hat er sie auf der Nase, und in Berlin blickt sie stolz herab auf den Chorus ekstatischer, schwarzäugiger Bankiersfrauen des Sündenpfuhls, des Tiergartenviertels. Die Lenbachiade ist nicht von der Größe und Bedeutung der Karikaturen des Oheims, aber was an ihr auffällt, ist die außergewöhnliche Anschmiegungsfähigkeit des Striches, welcher mit wenigem viel gibt, etwas von der Sicherheit eines Wilhelm Busch besitzt; am nächsten mag

Abb. 82. März-Errungenschaften. Schlußbild von 1848. (K. König?)

Abb. 83. Deutsche Karikatur auf die Eisenbahn um 1840.

sie den Arbeiten des Jugendkarikaturisten Arpad Schmidhammer stehen. Gerade, daß dem Maler die Karikatur nur ein freies, künstlerisches Spiel ist, erfunden für einen lustigen Kreis, und daß er sie keinen Frohndienst für ein Witzblatt leisten läßt, zeigt eigentlich, wie hoch er sie schätzt, wie persönlich lieb sie ihm ist.

Für die Illustrationen zu den nun folgenden knappen Ausführungen möchte ich erstens auf die Aufsätze in der ‚Kunst unserer Zeit‘ 1894 Mai, Juni von Fred. Walter „Fliegende Blätter, eine Jubiläumsstudie“, ferner auf das Essay von Georg Bötticher in der ‚Zeitschrift für Bücherfreunde‘, November 1898, hinweisen. Walter bespricht eingehend die Illustrationen, Bötticher den litterarischen Teil des Blattes. Ebenso mag man die Reihe allbekannter Sonderpublikationen des Braun und Schneiderschen Verlags zu Rate ziehen. Vorerst die Münchener Bilderbogen. Der vor mir liegende Katalog zählt nicht weniger wie 1200 auf; die rein humoristischen Inhalts belaufen sich auf 300; Bechstein, Caspar Braun, Bromberger,

Abb. 84. Lithographische Textillustration. Düsseldorfer Monatshefte 1852.

Abb. 85. Münchener Karikatur um 1850. „Wenn Dir Mama nicht die Nase wischt, muß ich es wohl thun."

Busch, Fröhlich, Gehrts, Graetz, Haider, Harburger, Hengeler, Horschelt, Ille, Kramer, Meggendorfer, v. Nagel, Oberländer, Pocci, Reinicke, Schließmann, Schmidhammer, Schwindt, Stauber, Spitzweg, Steub, Vogel, Zopf — der ganze Künstlerstab der „Fliegenden" ist hier als Mitarbeiter vereint. Auch sind eine Reihe humoristischer Kinderbücher aus dem Verlage in die Welt gewandert, und manch ein ständiges Thema des Witzes, — wie Tierkarikatur, Sommerfrische, Humor aus den Kolonien, Kinderstreiche, Kriegs- und Friedensbilder, — ist zu Sonderpublikationen zusammengestellt worden; ebenso wie das Beste des Werkes einzelner Künstler, Harburger, Marold, v. Nagel, Haider, Meggendorfer, Oberländer seine Buchausgabe gefunden hat.

Was uns heute die „Fliegenden" bedeuten, welche Rolle sie in der deutschen Kultur spielen und gespielt haben, wo ihr künstlerischer Wert beginnt, und wo ihr geistiger Wert — mehr oder minder — aufhört, darüber ist schon oben gesprochen worden.

Sehen wir einmal die ganze Reihe der Künstler durch, ob sie noch heute zu uns reden, oder ob sie mit Recht vergessen werden können. Caspar Braun: ein sehr geschickter, geistreicher Herr, der gut charakterisiert, aber uns doch jetzt selbst mit seinem Eisele und Beisele nur noch von historischem Interesse. Anders mit Spitzweg und Ille; Spitzweg, dieser kleine Böcklin, der auf Cigarrenbrettchen seine Farbenorgien feierte, der die kleine, alte Stadt, das stille Dahinleben alter, halbnärrischer Junggesellen so entzückend schilderte, der in dem „Eremiten" (Berlin, Nationalgalerie) die ganze Poesie einer engen Waldschlucht noch vor Böcklin erschloß — hat viel für die „Fliegenden" geschaffen. Auch sein Humor, besonders wo dichten an „Weiland Gottlieb Biedermayer, Schulmeister in Schwaben", zu den „Litteraturballaden", dem Goethe-Schiller-Engelmann-Trio, den Scherzen Edwin Bormanns, — hat Ille manches gezeichnet, was uns modern anmutet in der ganzen Intention, und modern mutet uns sein Verständnis für fremde Stile an. Ganze Epochen, wie einzelne Künstler — er weiß das Springende hervorzuheben und weiß, welche Art der Auffassung, welche kleine Übertreibung dazu gehört, um es als Manier lächerlich zu machen. Ille ist noch heute uns interessant; anders Max Haider. Seine komischen Jagdscenen sagen uns nichts mehr; wir sind erzogen, mit anderen Augen in die Natur zu sehen, und sind durch die Japaner, Liljefors und

Abb. 86. Drei Tage aus dem Leben eines Vatermörders. Düsseldorfer Monatshefte.

er Bummlern und Kneipanten gilt, ist durch das Studium der Holländer beeinflußt, und es scheint ihm die herrliche Brouwer-Sammlung der Pinakothek angethan zu haben.

Kennst du das wunderbare Bild von Brouwer,
Es zieht dich an wie ein Magnet!

singt Wilhelm Busch in der „Kritik des Herzens".

Eduard Ille war bis vor Kurzem der Veteran der „Fliegenden", und was uns heute an ihm fesselt, ist der starke Sinn für die Biedermaierzeit, den er längst vor der Moderne, den Fin de siècle-Künstlern, gehabt hat, und die stilisierende, karikaturistische Schilderung der Alten. Er ist nicht der erste Künstler, der jene Zeit geschildert, aber der erste, der die heutige Distanz zu ihr gewonnen hat. Zu den Eichrodtschen Geandere moderne Tierschilderer zu verwöhnt, um hieran noch Gefallen finden zu können. Überhaupt sind mir auch in der Moderne keine deutschen, guten Humoristen und Karikaturenzeichner der Jagd — den Sonntagsjäger der „Fliegenden" rechne ich nicht hierzu — begegnet. Und hier wäre ein Bethätigungsfeld; die Jagd, als vornehmes Vergnügen, als nicht berufliche Bethätigung, muß wie jeder andere Sport in seinen Äußerungen den Unbeteiligten zum Spott anreizen. Zu Dyck, dem bedeutendsten unter den ehemaligen Politikern der „Fliegenden", kann ich keine Stellung gewinnen, er zeigt ein sicheres Können und Geist, und doch stehe ich den Arbeiten anteillos gegenüber. Im Jahre 1848 ist Dyck neben Braun der Revolutions- und Freiheitsmann des Blattes. Von Busch und Oberländer später. Lud-

Abb. 87. Aus Albert Hendschels Skizzenbuch. (Verlag von M. Hendschel in Frankfurt a. M.)

wig Bechstein, Stauber sind heute antiquiert. Etwas von einem Menzelschen Charakter in der Art der Auffassung von Volksgewühl und Menge steckt in dem früh verstorbenen Horschelt.

„Ein Pferdekenner, Pferdepsycholog und Pferdehumorist ohne gleichen ist Ludwig v. Nagel († 1898); er ist einer von denen, die an keinem Pferd, und wäre es der abgetriebenste Sandführergaul, vorübergehen können, ohne auf irgend etwas aufmerksam zu werden. Er hat darum auch ein Gedächtnis für hippologische Erscheinungen, das ans Fabelhafte grenzt. Dabei versteht er vom Reiter soviel wie vom Pferde selbst. Es genügt ihm nicht, einen Mann leidlich richtig auf das Tier zu setzen, sondern der Mann kommt bestimmt so aufs Pferd, wie er nach seiner und des Pferdes Eigenart unter den besonderen Umständen im Sattel sitzen muß. In gleicher Weise versteht der Künstler auch, dem Verhältnis des Kutschers zum Wagenpferde Ausdruck zu geben. Er kennt alle Fehler und alle Unarten, alle Launen und Charaktereigenschaften, Rassen und Dressurunter-

Abb. 88. Aus Hendschels Skizzenbuch: Kunstmission. (Verlag von M. Hendschel in Frankfurt a. M.)

nur witzig oder gut gezeichnet, sagten sie uns längst nichts mehr; aber, da sie die Psychologie eines Tieres enthalten und eines Standes, welcher mit und für dieses Tier lebt, bleiben sie modern. Wir haben eine ganze Reihe der Sportkarikaturen beigegeben, weil sie uns fast einzig in ihrer Art scheinen. Ein Leben so scharf, so ausgesprochen in seiner Eigenart, dieses Jockeyleben, und von der deutschen Karikatur noch vollends unerschlossen! Nur Bruno Paul, Feldbauer haben hin und wieder einige Rennplatztypen und Jokeys gegeben: aber der wirkliche Philosoph des Pferdes in allen seinen Rollen und Stellungen, der Philosoph des grünen Rasens und dieser Jockeynaturen (Abb. 97 bis 107), der Menschen, vertrocknet, dürr, und doch beweglich wie aus Gummi elasticum, waghalsig und zäh, dieser fremden Gewächse auf unserem Boden — wie überhaupt die ganze Welt der Rennplätze für uns etwas Fremdes hat — der einzige deutsche Karikaturist all dieser Dinge war v. Nagel.

schiede und weiß, ohne je zur übertriebenen Karikatur überzugehen, ihre Empfindung meisterlich mit sicheren Strichen festzuhalten."

Diese treffliche Charakteristik des Künstlers von Fred. Walter zeigt deutlich, woran es liegt, daß uns doch Nagel, bei aller Langweiligkeit der Mache, so außerordentlich modern erscheint: ihm ist nämlich nicht das Pferd ein Tier mit vier Beinen und einem Schwanz — geschöpft, wie jenes Kamel, aus der Tiefe des deutschen Gemütes, ein Fabeltier, das nun je nach Absicht variiert wird — sondern es ist seine ganze Liebe, sein ganzes Studium; und dieses Basieren auf eingehender, künstlerischer Anschauung ist es, was Nagels Pferde- und Sportkarikaturen den Reiz auch noch heute gibt. Wären die Sachen

Wilhelm Diez hat viel und lange Jahre für die „Fliegenden" geschaffen: Dinge, die zeichnerisch sehr wirkungsvoll waren, aber wohl eher dem Gebiet der Illustration zuzurechnen sind, als daß sie hier Platz verdienten. Anders müssen wir uns zu Harburger stellen; während man ihn eine Zeit lang überschätzte, wird er jetzt oft weniger bewertet, als er es verdient. Seine Mache ist geschickt, aber sie ist in letzter Zeit freilich zur Manier geworden, ebenso wie seine Typen aus den letzten Jahren nicht selten an übermäßigen Übertreibungen leiden. Der ewige Student, das Bierfaß auf zwei Beinen, der Professor mit der Mommsenmähne und dem eingetrockneten Pergamentgesicht, der plattfüßige Kommerzienrat und seine Rebekka,

Abb. 89. Ludwig Richter: Wem solche Thaten nicht erfreuen.
(Verlag von Alphons Dürr in Leipzig.)

die in die Breite gehämmert worden sind, der dicke Münchener Protz, diese bei Harburger immer wiederkehrenden Typen, das sind doch Possenfiguren, unglaubwürdige Petrefakten, die in nichts der Wirklichkeit entsprechen. Es ist ein so enger Horizont, eine solche Armut an Typen, wie sie bei einem Karikaturenzeichner selten ist, und es erschöpft nicht einmal den Stand. Mit dieser Übertreibung harmoniert in keiner Weise die minutiöse, raffinierte Technik. Würde er noch seine Menschen in flotten, burlesken Linien hinschreiben! Aber hier hat die Mache nichts von Karikatur und bleibt sich, wie die Typen, ewig gleich — geschickt, aber kalt und reglos. Wenn die Bildergedanken und Unterschriften vom Künstler selbst stammen — es geht ein gemeinsamer Zug durch sie — so ist das nicht zu unterschätzen; mancher sehr sarkastische und komische Gedanke, mancher lustige Einfall ist darunter!

Professor der Chemie zu München: „H_2O, das Wasser, meine Herren, ist eine hellklare, durchsichtige Flüssigkeit, welche den Menschen früherer Zeiten zum Getränk diente.“

Abb. 90. Ludwig Richter: Bürgerstunde. Aus „Für's Haus.“ (Verlag von Alphons Dürr in Leipzig.)

Abb. 91 u. 92. Aus dem Moritz von Schwind-Album: Der Teufel und die Katz.
(Verlag von Braun & Schneider in München.)

Dichter (bei der Arbeit): „Jetzt plage ich mich schon acht Tage mit der einen Strophe herum, es ist mir unbegreiflich, wie das Schicksal einem Dichter so wenig Phantasie hat geben können.“

Lehrer: „Einen Lessing brauchen wir halt wieder in der Litteratur! Herrgott, wenn ich die Zeit hätt'!“ — —

Bummlerphilosophie: „Nur einmal im Leben möcht' ich mir begegnen, wenn i a Geld hätt'!“

Ganz anders wie Harburger, ist der

Abb. 93. Moritz von Schwind: Das organische Leben in der Natur.
(Fliegende Blätter.)

Abb. 94. Moritz von Schwind: Der Teufel und der Kartoffelwucherer. (Fliegende Blätter 1847.)

viel weniger beachtete Steub zu bewerten. Auch mir war er kaum aufgefallen, höchstens einmal von ihm eine kernige Bauernprügelei (Abb. 108), ein Jagdgehilfe, ein Holzschläger, ein Antiquar, der mitten in einem malerischen Durcheinander von tausend Dingen vor einem altertümlichen Schrank steht; aber im allgemeinen hätte ich diesen Künstler kaum bemerkt, bis ich zum erstenmale Originale von ihm sah und ihn in seiner ganzen Echtheit und künstlerischen Vornehmheit, Sicherheit der Zeichnung würdigen konnte. Heute, wo die Reproduktionstechnik so vorgeschritten ist, können wir ihn auch in der Vervielfältigung genießen. Auch bei Steub ist der Einfluß der Holländer und besonders Brouwers, der das wilde Leben der Bauern so dramatisch schildert, unverkennbar. Was an Steub erfreut, ist die impressionistische Zeichnung der Bewegung, Skizzen im Rembrandtschen Stil, ein kühner Zug, ein dramatisches Regieren der Massen. Wenn er eine Prügelei schildert, so stürmt alles auf den einen Punkt zu, konzentriert sich um das Hauptknäuel der Rädelsführer, und mit Fäusten und Stuhlbeinen und Maßkrügen wird da aufeinander losgeschlagen, daß man zu hören meint, wie es klatscht und kracht.

Auch Franz Stuck hat für die „Fliegenden“ gearbeitet, so „Amors Mission in den zwölf Monaten des Jahres“, „Der Bauer in der Kunstausstellung“, sogar eine Sonderpublikation ist von ihm erschienen: „Hans Schreier, der große Mime“. Sie fand gerechterweise keinen sonderlichen Beifall.

Die schon von Löffler in Deutschland angeregte Gesellschaftsschilderung hat in den „Fliegenden“ eine Reihe Vertreter gefunden. Meist sehen sie, wie Zopf, Mandlick,

Abb. 95. Wilhelm v. Kaulbach: Teil des Titelblattes zu Reinecke Fuchs. (Verlag der J. G. Cottaschen Buchhandlung, Nachf., Stuttgart.

Flashar, allzu liebenswürdig die Dinge und Menschen an, und verbinden mit dem Begriff chic eine gewisse Hohlheit und Oberflächlichkeit der Charakteristik. Eine höhere Stufe nimmt Schlittgen ein, der aber nicht das gehalten hat, was er versprach, wenigstens nicht als Zeichner. Als Farbenkünstler ist er mir heute von größerem Interesse. Seine Art des langen, geistvollen Federstrichs, der scheinbar so sicher trifft, der an- und abschwillt mit der Bewegung, sein Verständnis für die Form, den Schnitt eines Militärrocks, den Faltenwurf eines Beinkleides, für Interimskleidung der Offiziere und die Balltoilette der Damen, für Strandkostüme, Straßenkleider, mit einem Wort für allen Chic in der Kleidung der vornehmen Welt, ebenso wie seine Schilderungen ihrer Vergnügungen, ihres verfeinerten, geistreichelnden Flirts — das alles war einst ebenso neu wie überraschend. Und warum sind wir heute von ihm zurückgekommen? Fred. Walter sagt von dem Künstler: „Schlittgen generalisiert immer die Klasse, es ist die Weltdame, der Gardeleutnant, die reiche Erbin, der Roué, was er uns vorführt; nicht eine unerschöpfliche Fülle einzelner Gestalten und Charaktere hält er nacheinander fest, er verdichtet die Eigenheiten eines ganzen Standes zu wenigen, dann aber außerordentlich kennzeichnenden Erscheinungen“: deshalb haben wir an ihm, gegenüber anderen Interpreten des gleichen Standes, keine Freude mehr; wir wissen nun, wie Schlittgens Leutnants, Schlittgens Weltdame aussehen, und sie erscheinen uns von Tag zu Tag weniger echt. Wir vermissen in den Typen das Individuelle, und sie sind uns nur noch hohle Abstraktionen. Auch in René Reinicke ist dieser Chikismus etwas erstarrt. Die ganze Technik dieser tonigen Gouacheblätter ist uns heute überhaupt etwas fremd geworden in ihrer überaus weichen Zierlichkeit und ihrer meist verblasenen Formengebung, der geistreichelnden Lichtverteilung. Dem Schreiber wenigstens fällt es schwer, zu dieser Gruppe Stellung zu gewinnen. Der einzige, dessen Verdienste und Können ihm rückhaltlose Bewunderung abnötigen, ist L. Marold. Er hat nur wenige Jahre für die „Fliegenden“ gearbeitet, ist jung (1899) in seiner Vaterstadt Prag gestorben. Das Marold-Album (Braun und Schneider) ist, ganz abgesehen von seinem Inhalt als Holzschnittwerk, eine Leistung, die den besten amerikanischen und englischen Arbeiten dieser Technik an die Seite zu stellen ist. Hier sind Intérieurs von einem Schimmer von Licht durchrieselt, hier sind Strand, Wiesen in Sonne gebadet, Blütenbüsche und üppiges, hochgeschossenes Kraut, umflimmert von tausend Strahlen, getaucht in Licht. Für Stillleben von Kannen, Geschirr, für Palmen und Blumen, Möbel mit geistvoll-schnörkeligem Schnitzwerk, für Kronen- und Kerzenglanz, für harmonisch abgestimmte Innenräume, für alles Vornehme an Pferd und Weib hat Marold Sinn und Verständnis; und wie die Welt, die er schildert, aristokratisch ist, so sind auch die Mittel, mit denen er sie schildert, künstlerisch vornehm; manchmal ist er etwas zu leicht, zu sehr geistvoller Plauderer, man möchte gern ein ernstes Wort hören, aber er hat doch immer unsere Bewunderung für sich. Seine Menschen sind hübsch, schlank, à quatre épingles, Pariser Vorbild; seine Frauen sind ein wenig zu gleichmäßig liebenswürdig, haben in den Köpfchen noch etwas vom Modejournal. Trotzdem ist Marold als Schilderer des Highlife von kultureller Bedeutung, er hat es uns in allen seinen Lebensäußerungen bewahrt, in all seinen fashionablen Bethätigungen — überall — nur nicht bei der Arbeit. Im Badeort, am Strand, auf dem Tennisplatz, im Segelschiff, auf dem Dampfer, im Boudoir, im Garten, in der Gesellschaft, hauptsächlich aber immer wieder im luxuriös ausgestatteten Wohnraum, dessen Licht — abgeblendet durch Gardinen und Stores — alles in weichem Helldunkel löst. Was Marold ganz versteht, das ist die Mode und die Wiedergabe des Stoffes. Nicht, daß er ein Kleid durchzeichnete, so daß es einer Modistin zum Vorbild dienen könnte — wie es Heilemann oft thut — aber es sitzt, und es sieht echt in der Form aus, flott, chic.

Auch Marolds Witz halte man ja nicht für so überaus nichtssagend und unschuldig, es zeigen sich in ihm vielmehr die Anfänge unsrer modernen Gesellschaftssatire, wie sie heute im Simplicissimus und an

Abb. 96. Wilhelm v. Kaulbach: Aus Reinecke Fuchs.
(Verlag der J. G. Cottaschen Buchhandlung, Nachf., Stuttgart.)

anderen Stellen gepflegt wird; die Moderne verdankt technisch und inhaltlich Marold mancherlei. Thöny, Heilemann, Reznicek bauen in vielem über ihn hinaus, verfeinern, vertiefen im Kulturellen; aber in einem bleiben sie hinter ihm zurück — nämlich im Künstlerischen.

Ob die witzigen Unterschriften für die Zeichnungen Marolds von ihm selbst stammen, ob sie auf der Redaktion verfertigt und Marold zur Illustration überwiesen wurden, weiß ich nicht, jedenfalls geht durch alle der gleiche charakteristische Zug, der sich in der Zeichnung findet.

Diese Proben mögen genügen, um zu zeigen, daß hier eine abwägende, ja fast tendenziöse Betrachtungsart der Dinge vorherrscht, und daß diese Gesellschaftskritik im Kern schon das gleiche enthält wie die der Fin de siècle-Künstler.

Von den übrigen Künstlern sei noch Hengeler, Reinicke und Graetz erwähnt, feine Humoristen, die allen Dingen zwischen Himmel und Erde die komische Seite abgewinnen. Hengeler ist von den dreien der feinste. Reinicke und Graetz schmecken etwas nach Philister, beide haben sich an Oberländer gebildet. Vor mir liegen drei

Jokey John reitet so ruhig, daß sich die Spatzen, wenn sie verscheucht werden, auf seinem Rücken wieder sammeln.

Abb. 97. Nagel: Reiter-Sprache. (Fliegende Blätter.)

„Sag mir, Adolf, wie gefällt dir denn unser neues Dienstmädchen?“ „Ausgezeichnet!“ „So — deshalb habe ich ihr auch gekündigt.“

* * *

„Wie kommt es, daß der Legationsrat drei Orden besitzt?“ „Sehr einfach, den dritten hat er bekommen, weil er die beiden anderen hatte, den zweiten, weil er den ersten hatte, und den ersten, weil er noch keinen hatte!“

* * *

Reiche Erbin (nach dem Hausball): „Lina, sieh mal nach, ob noch irgendwo ein Leutnant kniet.“

* * *

Bändchen: „Lustige Bilder aus unseren Kolonien“, „Humor in der Tierwelt“, „O diese Kinder, lustige Bubenstreiche.“ In die Tierkarikatur teilen sich vornehmlich Hengeler und Reinicke. Hengeler ist hier überaus putzig und von unerschöpflichem Witz der Einfälle. Was bei ihm so besonders lustig, ist stets der Ausdruck der Augen, lachend, schadenfroh, neugierig, verliebt, stolz, behäbig, stillvergnügt, schreckhaft, sentimental. Bei kleineren, jüngeren Tieren ist er von der dumm-verträumten Erstauntheit wie bei einem vegetierenden Baby im Steckkissen. Welcher Art diese Witze und komischen Bilderfolgen sind, und welche Tiere besonders hergenommen werden — Nilpferde, Hühner, Hunde, Giraffen, Schlangen, Flamingos, Elefanten,

Abb. 98. Nagel: Jockey John.

Abb. 99. Nagel: Wer nimmt so elegant Mauern, wie John.

Abb. 100. Nagel: John beim Sprung.

Abb. 101. Nagel: Ob John die Schanze aufwärts oder abwärts klimmen soll, ist ihm gleich.

Abb. 102. Nagel: Wie saust John auf flacher Bahn dahin.

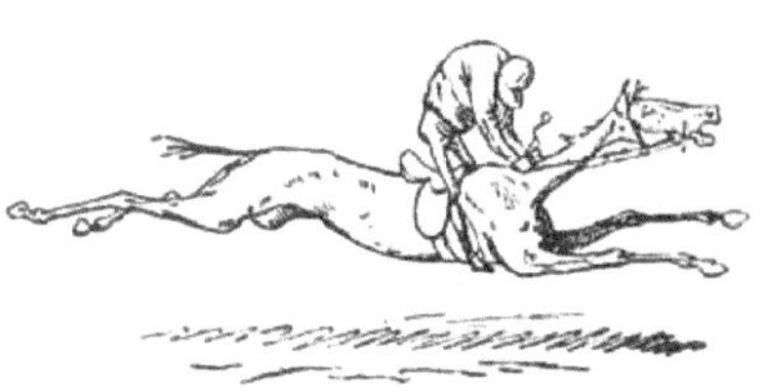

Abb. 103. Nagel: John in der Pace.

Abb. 104. Nagel: John setzt über einen Graben.

Abb. 105. Nagel: John geschlagen.

Abb. 106 u. 107. Nagel: John als Sieger; John bleibt immer derselbe. (Fliegende Blätter.)

alle Wesen mit bizarren Formen —, ist genugsam bekannt. Zwei Affen und ein Stachelschwein sitzen in der Wüste unter einer Palme und spielen — ihr Pfeifchen schmauchend — Skat. Da ringelt sich von oben die Riesenschlange herab; entsetzt entfliehen die Affen; das Stachelschwein wird verschlungen; aber während die Stacheln sich beim Hineinschlingen niederlegen, richten sie sich alsbald wieder auf und töten die Mörderin. Die Affen bestaunen — in würdiger Entfernung — das Phänomen, die Stachelschlange, und einer hebt, wie docierend, die Hand gleich Onkel Nolte, als ob er meinte: „Ja, ja, das kommt davon." Oder es sind Kinderstubenstreiche, urkomisch ersonnen und voller Spitzen. Die Mutter kommt heim und sieht, was die Kinder angerichtet haben; die Sache ist zwar so geistreich und fein ausgeklügelt, wie sie die Kinder nie ausführen würden, aber das verzeihen wir gern. Auch wie Hengeler Idyllen der niederen Tierwelt schafft, Frösche, die auf die Jagd gehen, mit Hummeln als Hunden, und die Treiber anschießen — jener ewige Scherz der „Fliegenden" —, wie Hengeler sich aus Grashälmchen und Farren, mit Bienen und Käfern eine kleine, friedlich-komische Welt baut, das bringt ihn Hermann Vogel-Planen nahe. Zu H. Vogel vermag der Verfasser keine Stellung zu finden; und

Abb. 108. Steub: Ländliche Prügelei. (Fliegende Blätter.)

L. Marold: Junge Ehe. (Fliegende Blätter.)

ihn, wie Fred. Walter, zwischen Schwind und Richter in seiner Kunst zu stellen, in ihm einen Ausgleich der beiden zu sehn, dazu mag er sich nun ganz und gar nicht entscheiden. Mir ist die spitze Kleinlichkeit Vogels unsympathisch, ich finde es ausgeklügelt, zusammengetragen und zusammengesucht, hier Wichtelmännchen, dort Eulen, dort Frösche, dort Elfen im Silberschleier mit Goldkronen, alte Kräuterweiblein, jagende Ritter mit Hifthörnern, scheue Rehe und krächzende Raben — aber dabei bleibt es. Der Wald, in all seinen märchenhaft-traulichen Heimlichkeiten, wird es nie und nimmer. — Damit ist der Mitarbeiterkreis der „Fliegenden" erschöpft bis auf zwei: Kirchner werden wir zu den Fin de siècle-Künstlern rechnen müssen — und Oberländer. Oberländer!

Oberländer, Busch und Th. Th. Heine, das ist das Dreigestirn, welches von unsrer deutschen Karikatur einmal hell leuchten wird, wenn all die kleinen Sterne verblaßt sind!

Über Oberländer ist viel geschrieben worden, so z. B. von Fr. Th. Vischer in „Altes und Neues 1882", von Adolf Bayersdorfer in „Kunst für Alle", von Ola Hansson in der „Zukunft 19. IX. 96"; auch Muther widmet ihm eine ausführliche Besprechung in seiner „Geschichte der Malerei des neunzehnten Jahrhunderts".

Hansson sieht Oberländer verzerrt, sein feinsinniges Essay bietet nur eine treffliche Charakteristik, und das ist die Ola Hanssons. „Es gleicht dem Geist, den du begreifst, nicht mir!" hätte Oberländer von dieser Studie sagen können. Vischer stimmt mit Hansson überein, der den Zusammenhang Oberländers mit der Tendenz der „Fliegenden" leugnet und sagt: „Was haben diese Zeichnungen mit den Witzen zu thun, die zufällig darunter stehn?" — Er gibt zu, daß die Freiheit der Regung dem Zeichner in den „Fliegenden" fehlt, um sich zur einschneidenden Kraft auf dem Felde der höheren Satire zu entwickeln.

Phot. Ad. Baumann, Hofphotograph in München.

Abb. 109. Oberländer

Jedenfalls ist Oberländers Kunst weder so harmlos, wie sie Fred. Walter in „Kunst unserer Zeit" darstellt, noch so bitter und zersetzend, wie sie dem geistvollen Ola Hansson erscheint. Bayersdorfer hat das große Geheimnis ihrer Wirkung scharf in die Worte gekleidet: „Oberländers Kunst ist eine seherhafte Physiognomik"; und ich meine, in dem Wort „seherhaft" liegt es schon begründet, daß er nicht der große Spötter, der Verächter des Heutigen ist, wie ihn Hansson uns schildert, sondern daß er zuerst und zuletzt Künstler und Humorist ist, der ebenso der Welt, wie seinen Träumen angehört. Wenn man das ganze Werk Oberländers durchblättert und diese schwellende Lebensfülle, den Gestaltenreichtum an sich vorüberziehen läßt, so wird man sich sagen: ein so nüancenreiches Schauspiel an Dingen und Wesen, Affekten und Stimmungen bietet das Leben keinem. All das muß im Grunde schon Oberländer in sich getragen haben von Anfang an, als ein künstlerisches Ahnungsvermögen für Form und Ausdruck — eine seherhafte Physiognomik. Und deswegen hat seine Kunst gerade soviel Kraft und Kritik des Lebens, wie sie braucht, um ganz auf dem Boden zu bleiben, und soviel Traumhaftes, soviel künstlerische Einfalt, wie sie bedarf, um nicht zur sachlichen Kritik herabzusinken.

Nicht allein der Witz des Gedankens, die Komik der Darstellung ist es, die uns so sehr in den Bann Oberländers zieht, sondern die hohe Vornehmheit, mit welcher hier alles gegeben ist, die Empfindung des reifen, abgerundeten Könnens, das zu uns spricht. Bei allen Vorzügen, bei der schlichten Lieblichkeit des landschaftlichen Ausschnittes (Muther vergleicht Oberländer mit Cazin); bei dem wunderbaren Verständnis für Stil in Häusern wie Straßen, in Menschen wie Kleidung, in Tieren wie Pflanzen, bei der außerordentlichen Glaubhaftigkeit seiner Bewegungsmotive tritt nie „das Seherhafte“ zurück; es ist stets ein vollkommenes Verarbeitethaben im Werk, eine völlige geistige Überwindung des Modells.

So prägnant seine Typen, nie wird man in ihnen volle Realität sehn, nie wird man sagen: hier ist das und das zum erstenmal erschlossen, niemand hat es uns vordem künstlerisch nahe gebracht; nie wird man sagen: sieh, ein echter Landstreicher, ein echter Professor, ein echter Münchener Partikularist, Bankier, Künstler, sondern immer wird es heißen: ein echter Oberländer. Und das schließt alles in sich ein. Nicht wie vor manchen Modernen wird bei uns zuerst das Gefühl der Armut und Verelendigung, des Spottes, der Bitterkeit wach, und zu zweit denken wir erst an das künstlerische Erfassen.

Und dieses Durchtränken auch des Kleinsten mit seiner Persönlichkeit ist das Geheimnis seiner Kunst und bewirkt es, daß Oberländer, selbst wenn er Bedrängendes gibt, nie bitter wird, stets der Humorist, der lachende Philosoph bleibt, ohne Haß, ohne Verachtung, aber voll Verständnis für die lächerlichen Schwächen an Menschen und Dingen.

Und dieses Künstlersein in allem, dieses Darin- und zugleich Darüberstehen, das völlige sich Durchdringen zweier Welten, ist es, was uns so zu Oberländer hinzieht — trotz aller Modernen, wenn diese auch Wesen und Dinge in den Kreis ihrer Karikatur hineintragen, die uns vielleicht heute eher bewegen, dem Herzen der Zeit näher stehn.

Abb. 110. Oberländer: Ein fideles Gefängnis. (Fliegende Blätter.)

Abb. 111. Oberländer: Wie der kleine Moritz am Ende des Monats mit seinem Papa Cirkus spielt. (Fliegende Blätter.)

Wenn Oberländer Geschichten aus dem Hundeleben gibt, so ist er hierin ein Vorgänger Th. Th. Heines, und gewiß haben seine Bilderscherze satirischen Sinn, aber Oberländer sagt nicht mit Montaigne: „Plus je connais l'homme, plus j'aime le chien." Und wenn hier Heine mit besonderer Vorliebe des Tierischen im Menschen spottet, erkennt Oberländer das Menschliche im Tier.

Man sehe sich nur die Gefängnis-française an (Abb. 110); was sind das für gemütliche Vagabunden, und mit welcher komischen Grazie tragen sie ihre Zerlumptheit! Der Dicke mit dem Plaid um den Schultern, ein Lebenskenner, ein Philosoph der Flasche; der Schlanke, der Stutzer, mit dem Taschentüchel aus der Brusttasche — wie ein Schweineschwänzchen —, noch ganz gentlemanlike in der etwas knapp-bemessenen Erbschaft, die er angetreten, oder dem schäbigen Rest früherer Dandyschaft; der dritte, zermürbt und zerrieben vom Leben, aber doch ruhig, zufrieden. Was seinem Nebenmann an Kleidung zu knapp, ist ihm zu reichlich bemessen, denn alles schlottert an ihm, schlägt breite Falten. Und nun der Partner, wie unterthänig verbeugt er sich, als danke er demütig für ein empfangenes Almosen. Hände und Füße schieben sich weit vor aus zu kurzen Kleidern; und selbst im Hintergrund der ein wenig unheimliche Bruder mit der Ballonmütze bläst so ruhig und seelens-

Abb. 112.

In Sparhausen, wo die Schulverhältnisse wenig günstig sind, muß eine zweiklassige Schule eingerichtet werden. Lehrers ganz überflüssig, indem Bakel den Unterricht für die

vergnügt seine Mundharmonika, als wüßte er gar nicht, daß man ein Messer auch zu etwas anderen Verrichtungen wie zum Brotschneiden brauchen kann. Dieses Vagabundentum ist in keiner Weise dramatisch, finster wie das moderner Franzosen oder das eines Heine oder Baluschek, sondern nur komisch. Alle Insassen der Zelle sagen sich — wie der bekannte Vogel bei Busch, der flatternd und fest auf dem Leim sitzt und die Katze mit „Augen gluh" heranschleichen sieht:

Und weil mich doch der Kater frißt,
So will ich keine Zeit verlieren,
Will noch ein wenig quinquilieren
Und lustig pfeifen wie zuvor.
Der Vogel, scheint mir, hat Humor.

Diese humoristischen Galgenvögel sind heute seltener als man annimmt, die Zeit der krassen sozialen Gegensätze, der bittere Lebenskampf, um nicht ganz zu sinken, ist dieser Abgeklärtheit wenig zuträglich. Ein mir bekannter, in Berlin lebender, dänischer Maler hat nach genauesten Lokal- und

Abb. 113.

Die respektable Länge des Lehrers Bakel kommt der Gemeinde sehr zu statten und macht die Anstellung eines zweiten zwei Klassen zu gleicher Zeit erteilen kann. (Fliegende Blätter.)

Menschenstudien das Bild einer Berliner Wärmehalle gemalt, prächtige, individuelle Typen. In jedem Kopf eine Lebensgeschichte: Armut, Verelendigung, Roheit, Stumpfsinn — alle Leiden der hungernden, frierenden Großstadt bei einander. Nur einer fiel mir darunter auf, ein roter, versoffener Mensch mit lustigen Zügen. Er blickte mit einer gewissen Beschaulichkeit vor sich hin. „Den Mann habe ich gern," sagte der Maler, „er ist der einzige von allen, in dem ein Stück Philosoph steckt." — Und hier eine ganze Kolonie dieser Lebenskünstler?! —

Th. Th. Heine hat das Schulhaus aus Ostelbien auf der deutschen Abteilung der Pariser Weltausstellung gezeichnet. Eine baufällige, strohgedeckte Hütte, auf deren Dach eine Ziege ihr Futter sucht. Am Weg steht mit bloßen Füßen und zerrissenem Rock der halbverhungerte Lehrer, um die Vorübergehenden anzubetteln. Wieviel geistvoller ist Oberländers (Abb. 112, 113) langer Präzeptor, der in zwei Klassen unterrichtet.

Zuerst die prächtig eigenartige Komik des Gedankens, das Unmögliche und doch überraschend Glaubhafte: der lächerlich unwahre und doch so echte Typus; der stete Gegensatz zwischen vom Rohrstock beherrschter Wohlanständigkeit der Rangen und der Rüpelei in optima forma — ein echter Oberländer; und nachdem wir genugsam darüber gelacht, kommt uns der Gedanke: aha, Schulnot ... Ostelbien, Lehrer, die in mehreren Klassen zugleich unterrichten müssen ... Räume, so niedrig, daß man nicht in ihnen aufrecht stehen kann ...

Oder Oberländer gibt Satiren auf die moderne Erziehung. Wie leicht und fest prägt Was die Satire jedem, der die Blätter gesehen, unvergeßlich macht, ist die wunderbare Beherrschung der griechischen Kontur der Vasenzeichnung, das Treffliche des Gegensatzes in Wiedergabe und Inhalt: links streng und edel, gerade und schön, rechts kraus und kleinlich, Unnatur und Übertreibung. In Alt-Athen die Kinder im Freien an der Mutter Brust, in Isar-Athen zwei schreiende Würmer, halb vergraben in Bergen von Bettkissen; ein ganzer Tisch mit Surrogaten, mit Malzextrakt, mit Nestlés, mit Liebigs und Timpes Präparaten, mit kondensierter Milch und hundert anderen Flaschen. Und während

Abb. 114. Oberländer: Marterholzes Fingergymnastiken für die Kraft des Anschlages. (Fliegende Blätter.)

sich uns diese Geschichte ein: Ein Entenpaar hat vier Kinder, zwei Jungen, zwei Mädchen, alles Erdenkliche läßt es sie erlernen, schickt sie zur Universität, ins Institut. Wie sie heimkommen, sind sie zwar voller Gelehrsamkeit, aber das Schwimmen haben sie verlernt. Dies Überwiegen des rein Künstlerischen läßt selbst in den schärfsten Arbeiten die Tendenz zurücktreten, und dadurch gerade bleiben sie uns als Ganzes unvergeßlich.

Eine der witzigsten und zugleich schärfsten Satiren auf die Gegenwart ist die bekannte Folge: „Alt-Athen und Isar-Athen.“ Die Erziehung des Jünglings und der Jungfrau von Kindesbeinen bis zur Heirat. in Alt-Athen sich die Kinder an Spiel und Lehre gleichmäßig erfreuen, hocken sie in Isar-Athen in völlig überfüllten Räumen, in Reihen wie die Krähen, altklug, kurzsichtig. Und während sie im Gymnasion Diskus werfen, schwitzen rechts bei der Prüfung ausgemergelte, junge Menschen. Auch das Mädchen hat einen anderen Bildungsgang, links spinnt und webt sie, rechts Musikmappen und Mädcheninstitut, altkluge Jüngferchen mit hohen Hacken von der frechen Koketterie der eingebildeten Überbildung. Und der Tanz! Links edle Anmut; die Mädchen tanzen allein über Rosen um die bekränzte Herme zum Klang

Abb. 115. Adolf Oberländer. Titel des Oberländer-Album. 9. Teil.
(Fliegende Blätter, Verlag von Braun & Schneider in München.

der Flöte: und rechts ein Tänzerpaar von burlesker Komik, er mit Storchbeinen und Schnabelschuhen, sie mit Wespentaille und Lockenbau. So üben sie die „ahnungsreiche Kunst, die alle schätzen, welche lieben“. (Zur Psychologie des modernen Tanzes hat überhaupt die Karikatur das Beste gegeben.) Während in Alt-Athen der Jüngling studierend dem Philosophen lauscht, drückt er in Isar-Athen in der Trunkenheit armselige Passanten gegen die Wand. Und während Fackelträger die Neuvermählten leiten, stürzen sie in Isar-Athen in Sturmschritt nach dem Bahnhof. Das ist wohl eine der witzigsten Verspottungen der Gegenwart. Gleich witzig ist die berühmte Folge vom Kuß, die aufgefundene Gemäldesammlung. Bei jedem der Vorgeführten, Menzel, Max, Makart, Rethel, Tadema, Courbet, dem fabelhaften Costuminski, Genelli, bei jedem dieser Künstler ist gezeigt, wie leicht und um ein Kleines ihre treffliche Eigenart doch in Manier umschlagen könnte. Wie tief ist ein jeder verstanden und überaus geistvoll ad absurdum geführt; zeichnerisch ist hier das gegeben, was Fritz Mauthner in „Nach berühmten Mustern“ litterarisch uns gab. Nur eine wirklich geistvolle Verspottung der modernen Kunst in den Phasen ihrer Entwickelung ist mir noch begegnet. Die „Jugend“ brachte eine Folge von Selbstporträts aus dem letzten Jahrzehnt, die des Münchener Malers Manierowitsch, welche ihn nach jeweiliger Mode im Defreggerstil, Pleinair, Pointlismus u. s. f. zeigten. Solche Stilkarikaturen sind im allgemeinen sehr heilsam: denn gerade dadurch gehen uns erst die Vorzüge und Schwächen, die Grenzen der Meister und Richtungen auf — Anfang und Ende.

Zu den besten Schöpfungen Oberländers zählen „Der Konzertbildhauer“, „Vegetarier auf dem Lande“, „Der Jahrmarkt in Timbuktu“, „Traum des Savoyarden“ u. s. f. Denken wir nur an seine Satiren auf jüdischen Spekulationsgeist, auf neue Errungenschaften der Technik, Riesenventilatoren, denken wir daran, wie er in der Vorstellung eines Kindes oder Ungebildeten zeichnet; erinnern wir uns einmal: wie versteht er das verschobene Gesichtsbild eines Trunkenen wiederzugeben, ebenso komisch wie das in Unordnung geratene stabile Gleichgewicht des Heimschwankenden. Von unerreichter Feinheit sind die heimlichen Randzeichnungen aus dem Schreibheft des kleinen Moritz (Abb. 111), das Genialste was in der einfachen Mache der Kinderzeichnung geschaffen ist. Wie hier fast mit einem Nichts Ausdruck in den Mienen, ein kompliziertes Spiel widerstreitender Gefühle gegeben ist, wie hier in diesen unsicheren Strichen eine Bewegung erfaßt ist, das steht nächst Busch einzig da. Man sehe sich den kleinen Moritz an, wie in den Zügen neben der Furcht doch noch eine gewisse Verschmitztheit sich ausspricht über den wohlgelungenen Streich, durch umgeworfene Stühle eine Hindernisbahn geschaffen zu haben; die beschwörende Stellung der Mutter, die Thränen der Rührung auf ihrer Backe, weil das liebe Söhnchen Prügel bekommen soll; Mari und Fritzi voller Schadenfreude; Paula schwachnervig, ängstlich, sie könnte auch etwas abbekommen; die Amme voller Mitleid; der Herr Hauslehrer in Würde; Poldi mit rein psychologischer Anteilnahme; das Dienstmädchen in der Thür erstaunt: was gibt's denn? — Und dies alles gezeichnet mit kindischer Unbeholfenheit, aber mit Oberländerscher Reife in der vereinfachten, psychologischen Darstellung.

Das ganze Spiel seiner reichen Phantasie gibt sich besonders in den Umschlägen seiner Alben aus. Wie er hier alles in Beziehung bringt, uns den ganzen Guckkasten seiner komischen Figuren vorüberziehen läßt, ein buntes, lächerliches Wirrwarr, einen Reichtum an Komik, eine Vielheit auf einem Blatt, an der andere ein Leben zehren würden, ist einzig dastehend. Oberländer hat unstreitig auch starken Einfluß auf einzelne Künstler, wie z. B. Hengeler geübt. Vor allem muß aber bemerkt werden, daß Caran d'Ache, der weltberühmte französische Karikaturist, am Studium der Deutschen erstarkt ist.

Welche Kreise Oberländers Kunst umfaßt, ist nicht zu umschreiben; nichts Menschliches ist ihm fremd, und doch ist seine Kunst in allem echt bayerisch, durchtränkt von Rasse. „Auf keinem Gebiet kehrt sich die allertiefste Eigenart der verschiedenen Stämme und Rassen so greifbar nach außen, wie auf dem der Komik. Oberländer ist der bayerische Humorist; unter den Deutern des Bayerischen in der heutigen

L. Marold: Backfische. (Braun & Schneider.)

Kunst der Erste. Das ganze heutige Bayern lebt in ihm in der verdoppelten Lebendigkeit der künstlerischen Gestaltung —", so Ola Hansson.

Mit Oberländer nehmen wir Abschied von den „Fliegenden"; er ist ihr Stolz und ihre Größe. Wie weit er ihnen zugehört, will ich nicht entscheiden. Aber wenn die „Fliegenden" im Humor das Organ für das bayerische Volk, und Oberländer der echteste bayerische Künstler, so gehören sie freilich zusammen.

Abb. 116. Oberländer: Friseur-Intelligenz.
„Wollen der Herr Assessor heute melancholisch oder sanguinisch frisiert werden?" (Fliegende Blätter.)

Was den „Fliegenden" uns heute weniger und weniger Sympathie entgegenbringen heißt, ist das Vorherrschen des Clichéwitzes, das Arbeiten mit abgebrauchten Typen, das natürlich auch bei den Künstlern langsamen Stillstand der Fähigkeiten mit sich bringen muß. Die „Fliegenden" haben nichts vergessen, aber auch nur wenig zugelernt, sie sind leider nicht genug bei der Zeit in die Schule gegangen. Sie sollten an das Wort Ibsens denken: daß eine gute, lebensfähige Wahrheit fünfzehn, höchstens zwanzig Jahre alt wird, um dann Lüge zu werden. Was den „Fliegenden" wenig zur Ehre gereicht, sind auch die ewigen, wirklich oft geistlosen Angriffe auf die moderne Kunst, welche selten oder nie den Kern treffen. Gerade sie zeigen, wie sehr die „Fliegenden" zurückgeblieben sind. Oder sollten sie nicht wissen, daß gewissermaßen nur der Tag lebt, und daß auch wir nur mit dem Tage leben? So sehr und herzlich wir uns an Altem erfreuen mögen, es entstand für Menschen mit anderen Sinnen, in anderer Zeit, es erfüllt uns nun einmal nicht mehr ganz. Es bleibt ein Rest des Neuen, Ungemünzten. Aber alles Werdende, das unsere halbempfundenen Leiden und Freuden zuerst ausspricht — und wenn es auch noch gährend und wild ist und sich selbst kaum kennt —, ist uns inniger, brüderlicher an das Herz gewachsen, „denn es liebt allein unserer Kinder Land, das Unentdeckte auf fernen Meeren". —

Setzt sich in Süddeutschland die Kunst hauptsächlich im Bilde um, so in Norddeutschland im Wort; die bildende Kunst kommt ein wenig knapp dabei fort, man

Abb. 117. Oberländer: Jagd-Automat für Sonntagsjäger. (Fliegende Blätter.)

bleibt stets ein wenig kulturlos und steril. In Norddeutschland aber entsteht dafür der Stil der politischen Karikatur. Der Kladderadatsch hat hier in Wilhelm Scholz einen geeigneten Vertreter, herb, knapp, großzügig und wohl befähigt, eine gute Bilderidee wirkungsvoll zu gestalten. Der Kladderadatsch ist Bismarck gefolgt, erst spottend, dann anerkennend, schließlich bewundernd. Scholz ist mit der wachsenden Bedeutung Bismarcks auch in der künstlerischen Form mehr und mehr seiner Aufgabe gerecht geworden, und seine Bismarckkarikaturen bilden ein Stück deutscher Geschichte, sein von ihm erschaffener Typus des Reichskanzlers (Abb. 118) ist uns in Fleisch und Blut übergegangen mit seinen herben, wie in Erz geschnittenen Zügen, in dieser herben Manier. Der Kladderadatsch hat die Bismarckkarikaturen wie die Bismarckgedichte seines Blattes gesammelt und in chronologischer Folge erscheinen lassen. Auch die Franckhsche Verlagsbuchhandlung in Stuttgart hat sich ein Verdienst damit erworben, daß sie eine Sammlung von 230 Bismarckkarikaturen aller Länder zusammenstellte, zu denen K. Walter den verbindenden Text schrieb. Solche Sammlungen geben oft bessere und schneller verständlichere Kommentare zur Geschichte, wie sie uns das geschriebene Wort zu geben vermöchte, und Grand-Carterets Sonderpublikationen, ebenso wie die vom Verlag der „Lustigen Blätter“ herausgegebenen Sammlungen der Karikaturen auf die „Dreyfußaffaire“, auf die „Abrüstungsfrage", den „Burenkrieg", werden manchem Späteren eine gute Handhabe zum Verständnis der Bewegungen bieten; sie bleiben für die Stimmungen des Volkes, im Für und Wider, für das, was wir nicht aus den nüchternen Akten geschichtlicher Darstellung herauslesen können, eine Quelle der Erkenntnis.

Der deutsch-französische Krieg fand meines Erachtens in der Karikatur nur ein geringes und künstlerisch nicht sehr bedeutendes Widerspiel, wenn auch die Figur Napoleon III. viel Gelegenheit zur Persiflage bot, eine der meist verspotteten dieses Jahrhunderts; sein Polichinellgesicht mit der grandiosen Nase, der spitze Schnurrbart, sein Wanst und die dünnen Beine gaben viel her. Man zeichnet ihn als Hahn, als Nußknacker u. s. f. Die „Allegorie des Krieges" (Abb. 121), Napoleon, der den Sarg seiner Herrlichkeit mit den Pferden Hunger und Elend durch sein Land fährt, ist aber doch gegenüber französischen Arbeiten der Zeit schwächlich und zeigt, daß der kühle, norddeutsche Zeichner nicht fähig ist, Dinge von satirisch zwingender Kraft zu erschaffen, während ihm eine ruhige, kühle Größe weit besser liegt. Ein besonders feiner Zeichner, ein überraschend witziger Künstler ist Scholz wohl nie gewesen, aber in ihm ist der Zug des aufstrebenden Preußens, des wachsenden, sich entwickelnden Deutschlands in der politischen Karikatur zu machtvollem Stil erstarkt. Von den heutigen Zeichnern des Kladderadatsch seien Stutz und Brandt erwähnt. Brandt von prächtiger Kühnheit der Handschrift.

Der im Jahre 1870 entstandene „Ulk" ist in seinen litterarischen Leistungen sehr ungleich und oft wenig erfreulich, auch hat er noch heute ein besonderes Geschick darin, den illustrativen Teil durch unpersönliche, langweilige Zeichner herstellen zu lassen. Der einzige Feininger bildet eine Ausnahme. Wir werden später von ihm sprechen.

Die beiden beigegebenen Illustrationen (Abb. 124, 125) des „Schalk" von Simmler und Wisniewski mögen bezeichnend für die künstlerische Karikatur der Mitte der achtziger Jahre in Norddeutschland sein, wirkungsvoll, aber etwas nüchtern, gut gezeichnet, aber ein wenig humorlos. Von den Mitarbeitern des „Schalks" nenne ich nur Schlittgen, C. von Grimm, Grot-Johann, Oskar Pletsch, Simmler, Paul Thumann, Knaus, Werner, Skarbina, Wellner, Meyerheim,

Preußischer Ministerpräsident. — Reichskanzler. — Gutsbesitzer von Friedrichsruh.

Abb. 118. W. Scholz: Bismarcktypen aus dem „Kladderadatsch".
(Verlag von A. Hofmann & Comp. in Berlin.)

Abb. 119. W. Scholz: Die Entscheidung naht. Kladderadatsch 1865. (A. Hofmann & Comp. in Berlin.)

Schlitt — gewiß bekannte Namen —, und doch ist es dem Blatt nicht gelungen, uns das zu geben, was wir fordern. Aber viele Ansätze, viel Gutes war in ihm. Vieles, das später wieder in anderer Form auftrat.

* * *

Zwei Künstler sind es, die sich nicht einer zeitlichen Einteilung fügen, die in allem eine Sonderstellung einnahmen, und die, wenn auch voneinander grundverschieden, doch einzig miteinander vergleichbar sind. Der Genfer: Rudolph Toepfer und der Norddeutsche: Wilhelm Busch.

Rudolph Toepfer, weniger bekannt in Deutschland, in Frankreich sehr geschätzt; Busch in aller Munde und Herzen, ein echter Volkskünstler.

Ein Ausspruch des Reichskanzlers.

Wäre dies nicht die schönste Krönung für die Siegessäule auf dem Königsplatz?

Abb. 120. W. Scholz. Kladderadatsch 1884. (A. Hofmann & Comp. in Berlin.)

Toepfer ist ein französischer Schweizer von deutscher Herkunft. Er war von Beruf Professor der Ästhetik an der Universität zu Genf, Zeichner und Schriftsteller in einer Person; geboren 1799 in Genf, starb er daselbst 1846. In Toepfer einen sich die Merkmale beider Rassen, mischt sich Germanisches und Romanisches.

Seine komischen Bilderromane, lustige Geschichten und Karikaturen des berühmten Verfassers der „Genfer Novellen" hat in deutscher Übertragung Paul Neff, Stuttgart, neu herausgegeben — ein sehr verdienstvolles Werk. Von Toepfer haben wir eigene Mitteilungen über die Art seiner Kunst, über die Entstehung dieser komischen Bilderfolgen, wie er geistvoll mit Dingen und Menschen Fangball spielt, das große Künstlerkind — im letzten Grunde aus dem gleichen kindlichen Trieb des Spielens. Eine eingehende Charakteristik und Analyse seiner Eigenart versuchte schon i. J. 1846 Fr. Th. Vischer mit Glück zu geben. Auch das Essay von Johannes Schlaf in der Sonntagsbeilage der Vossischen Zeitung, 10. September 1899, ist eine gute Arbeit; Schlaf geht mit feinem Verständnis der Eigenart des Stils, wie der Zeichnung nach.

Wenn wir ein Blatt von Toepfer betrachten, so erscheint es uns zuerst geradezu kindlich; diese naiven unzusammenhängenden Haarstriche, diese bröcklige Formengebung, diese grotesken, knochigen Typen glichen Arbeiten eines begabten Schuljungen. Aber bei längerem Zusehen erkennen wir den Geist der Mache, und aus dem kindischen Gekritzel entsteht uns ein moderner Impressionismus, eine erstaunliche Kunst, welche die flüchtigste Augenblicksregung in Mensch und Dingen, Luft, Licht und Landschaft festzuhalten vermag. Und dieses scheinbare Nicht-zeichnen-können wandelt sich in reifes zeichnerisches Verstehn; der bröcklige Strich wird zu schwankend bewegter Kontur. Es hat meines Erachtens nach keiner darauf aufmerksam gemacht, daß zwischen Toepfer und den großen Japanern eine Ähnlichkeit, eine Verwandtschaft besteht — wie z. B. der Gegner des Herrn Altholtz in das Mühlwehr gelangt, vom Rad erfaßt und dort einige Monate herumgedreht wird, auftaucht, strömend aus Mund,

Abb. 121. Wilh. Scholz. Kladderadatsch 31. Juli 1870. (A. Hofmann & Comp. in Berlin.)

Abb. 122. G. Brandt: „Das wird sich schwer ersetzen lassen, ohne daß man den Schaden sieht . . .“
(Verlag von A. Hofmann & Comp. in Berlin.)

Haar, Nase und Kleidung, um dann gleich wieder untergetaucht zu werden —, das ist geradezu von japanischer Kunstwirkung, so momentan und bewegt, so geistvoll im Haarstrich mit leisem, schwellendem Druck. Man könnte meinen, eine Skizze Hokusaïs vor sich zu haben, und wie die Japaner hat Toepfer einen seltenen Sinn für die Vielheit, für bunte, bewegte Massen, kribbelnde Mengen kleiner Wesen, in denen ein Einzelwesen untergeht. Er hat einen Sinn für Licht und hat Blätter geschaffen in dieser Kindertechnik, auf denen breit und voll die Sonne liegt. Und doch ist hier jeder äußere Einfluß ausgeschlossen. Was uns noch so sehr überrascht an Toepfer, das ist der moderne Sinn für das Landschaftliche, das Verstehen der Luft- und Lichtwirkungen, der Baumsilhouetten, der Linien eines Waldthals (Abb. 126), eines Hohlwegs, der Blumenmuster einer Wiese, der fernen Bergzüge — überhaupt jeder Bewegung des Bodens; und ebenso versteht er das Stadtbild, das Haus in seiner grünen Umgebung (Abb. 127), alles klar, lebhaft und doch nur angedeutet in diesem kritzeligen Impressionismus. Nicht die persönliche, feste Handschrift wie bei Busch mit Haar- und Grundstrich, nein zag, unbeholfen — wirklich ein Rätsel in der Wirkung; und rätselhafter noch, wenn man bedenkt, was nun alles damit gegeben ist, welche unglaubliche Variationsfähigkeit der Affekte, des Ausdrucks — der ganze Kreis des menschlichen Gemütes. Dinge, die man zeichnerisch kaum für möglich halten sollte, er löst sie: ein Mensch ist in einen Sack gesteckt und hüpft und läuft, und in dieser plumpen, formlosen Masse zeichnen sich — übertragen — die Bewegungen, die Proportionen des Körpers — und alles das ist mit geradezu kindlichen Mitteln wiedergegeben.

Toepfers Werke sind zusammenhängende Bilderfolgen, Bilderromane, altfränkisch, steif; heute sind sie uns inhaltlich etwas fremd geworden, aber sie amüsieren uns doch in ihrer burlesken, romanhaften Abenteuerlichkeit „kraus, launenhaft, kunterbunt im Aufbau; Wirklichkeit mit hyperbolisch märchenhaften, phantastisch arabeskenhaften Elementen verbindend, eine unendlich verzwickte und komplizierte Handlung mit behaglicher Breite ausführend“ — so Johannes Schlaf.

Alle Gesetze der Natur sind ausgeschaltet: mit irgend einer ganz kleinen Thatsache, einem Blatt Papier, das in die Luft geweht wird, beginnt die Geschichte und schlägt immer weitere Kreise, setzt den ganzen Staatsmechanismus, Wissenschaft, Regierung, Volk, alles in Bewegung; jedes und jeder bekommt da seine Pille zu schlucken, aber endlich löst sich alles in Wohlgefallen, und wir erwachen wie aus einem bunten Traum. Alle Naturgesetze sind ausgeschaltet — Wirbelstürme blasen Menschen in der Luft umher, monatelang; treiben sie wieder zusammen; pusten sie auseinander, je nach Laune: Menschen sind da in Kasten eingesperrt und krabbeln umher, und dieser Kasten nimmt vollends die Bewegung (Abb. 129) und den Ausdruck des Menschen an, Leute begehen Unmöglichkeiten, hungern, dürsten, erleiden alle Strapazen der Welt als Fanatiker irgend einer bizarren Idee; aber all diese lächerlichen Unglaubwürdigkeiten sind ausgestattet mit allen Zeichen der Glaubwürdigkeit, nicht ein Wort, das unbestimmt bliebe — und sei es für die absurdesten Geschehnisse —, nicht eine Nebenperson, die namenlos aufträte, nicht eine Zahl, ein Zeitraum, der nicht genau angegeben wäre. Eine reale Phantastik; Unmögliches, Spiel des Geistes wie der Feder, im Stil nüchterner, breiter, einfacher Chronik der Möglichkeit. Und in dieser Möglichkeit des Gewandes, da ist die Geißelung der Zustände, des Staates, der Charlatanerie der Gelehrtenwelt, des Erziehungswesens, der übertriebenen Liebesromantik — Toepfer immer als der getreue Schilderer, ein Stück Kulturhistoriker, ein närrisches Echo seiner Zeit. Kein Vers, der die Wirkung unterstützt, wie bei Busch, sondern trockene, umständliche Prosa. Den tiefen Lebensgehalt, den wir aus dem philosophischen Humor eines Busch ziehen, bietet uns Toepfer nicht. Er ist lustig, aber auch in seiner Bizarrerie etwas altmodisch. Diese merkwürdig verknöcherten Typen seiner Helden, mit ihrem komischen Pathos der Übertreibung, dem ständigen Forte des Gefühls in Dur oder Moll, haben etwas Französisches im Blut, und doch wieder ist eine gewisse Beschaulichkeit, ein Humor in den Dingen deutsch an ihnen. Die bedeutendsten Werke Toepfers sind: Griffonade, Docteur Festus (1840), Voyage en Zickzack, Monsieur Pencil, Monsieur Jabot, Monsieur Vieux-bois u. s. f. Letztes scheint mir zeichnerisch seine reifste Leistung.

Abb. 123. Schulze und Müller. Kladderadatsch 1870. (A. Hofmann & Comp. in Berlin.)

Johannes Schlaf weist mit Recht darauf hin, daß Toepfers Bilderromane im Stoff-

Abb. 124. W. Simmler: Einer der nicht auf den Leim geht. (Schalk.)

lichen uns heute nur von historischem Interesse — im Technischen sind sie aber wieder aktuell und bieten eine Fülle feinster, ästhetischer Genüsse.

Und nun zu Wilhelm Busch, dem größten, deutschen Humoristen der Zeichnung, dem feinsten, überraschendsten Humoristen des Wortes. Für Toepfer ist das Leben seiner Zeit Problem; Busch ist das Leben selbst Problem, so, wie es ist, war und sein wird. Toepfer hat den Biedermaier verkohlt — man verzeihe dieses Wort! — Busch nimmt sich den Menschen an sich aufs Korn, dieses zweibeinige Wesen, das schläft, ißt, trinkt, heiratet, Kinder bekommt, stirbt, das vom Leben gezwackt und gequält wird, ewig zur Schule geht und doch nichts lernt. Busch ist Philosoph in Allem, ein ausgefeimter Schopenhauerianer, der Mann des pessimistischen Humors — vielleicht der einzigen Anschauung, die mit gutem Recht in dieser schlechtesten der Welten bestehen kann — der einzigen Anschauung, die uns nach rechts und links deckt und uns das seelische Gleichgewicht erhält, komme was da mag.

Busch ist der verkörperte niederdeutsche Humor; in breiter Behäbigkeit sitzt er auf seinem Sorgenstuhl, stellt lachend seine Betrachtungen an und orakelt über sich selbst, über Welt und Menschen; er sagt mit tiefsinniger Miene selbstverständliche Wahrheiten, und mit selbstverständlicher Miene Tiefsinniges; er freut sich an allem Seßhaften, Bequemen, gutem Essen und Trinken, ruhigem Lebens- und Liebesgenuß und scheut sich wohl auch nicht, Dinge beim richtigen Namen zu nennen: „Lachen ist mir der Ausdruck relativer Behaglichkeit, ich bin ein Mensch und erfreue mich gern an den kleinen Verdrießlichkeiten und Dummheiten anderer Leute. Der Franzl hinterm Ofen freut sich der Wärme um so mehr, wenn er sieht, wie sich draußen der Hansel in seine rötlichen Hände pustet. Zum Gebrauch in der Öffentlichkeit habe ich doch nur Phantasiehanseln genommen. Man kann sie sich auch besser zurichten nach Bedarf und sie eher sagen und thun lassen, was man will. Gut schien mir oft der Trochäus für biederes Reden, stets praktisch der Holzschnittstrich für stilvoll, heitere Gestalten. So ein Konturwesen macht sich leicht frei von dem Gesetze der Schwere und kann besonders — wenn es nicht

Abb. 125. Wieniewski: Tanzsaalstudie. Aus den 80er Jahren. (Schalt.)

Abb. 126. Aus Rudolf Toepfers Bilderromanen.

schön ist — viel aushalten, ehe es uns weh thut. Man sieht die Sache an und fühlt dabei ein behagliches Selbstgefühl über den Leiden der Welt, ja über den Künstler, der gar so naiv ist.“ So Wilhelm Busch in „Von mir über mich.“

Und wahrlich, Ungezählte hat Busch über die Leiden der Welt hinausgehoben, hat ihnen frohe Stunden bereitet durch die wunderbare Kunst seiner naiven Zeichnung, wie durch die seltene Prägnanz in Geist und Form seiner leichtflüssigen, musikalischen Knüttelverse. Nichts ist bei Busch Gemeinplatz, jedes Wort Eigenart, alles blitzblank. Die überraschende Schlagfertigkeit, die erstaunliche Selbstverständlichkeit seiner Verschen, ebenso wie die leichte und schnelle Art, mit der sie sich uns einprägen, haben viele von ihnen schon zu Citaten werden lassen, die man fast täglich hört. Und sie erscheinen uns wieder und immer wieder neu. Wir erfreuen uns an der plastischen Wirkung und an der überraschenden Einfachheit des Bildes, so oft wir sie auch hören mögen, gerade so, wie uns die Zeichnung stets einen neuen, staunenswerten Reichtum offenbart. Selbst wenn wir die Dinge vollkommen in uns verarbeitet haben, kramen wir sie doch gern wieder hervor aus der Schachtel unseres Gedächtnisses und spielen mit ihnen.

Besonders dort, wo uns Busch seine Lebensanschauung zu besten gibt, wo sein pessimistischer Humor still-traurig und heiter lächelt — wie in der „Kritik des Herzens“, in einzelnen Stücken aus „Dideldum“, auch

Abb. 127. Aus Rudolf Toepfers Bilderromanen.

in manchen seiner umständlichen Vorreden, Nachworte, Ermahnungen, Sentenzen —, dort wird er für uns zum Weisen. Das Beste, was vielleicht humoristisch über das Wesen der Kunst gesagt worden ist, steht im Vorwort zum „Maler Klecksel“, und jedem, der da heiratet, möchte man raten, daß er sich vorher erst einmal recht genau mit der „Knopp-Trilogie“ befasse und die tiefen Wahrheiten der Vorreden zu „Herr und Frau Knopp“ und „Julchen“ in sich aufnehme. Für Kinder sind sie nicht geschrieben, jene „verheirateten Geschichten“, in denen Paul Lindau (Nord und Süd 1878) kurzsichtig und engherzig Buschs Vorliebe für heikle Stoffe sieht, weil sie die Gegenseite unseres Lebens humoristisch erläutern; jene Gegenseite unseres Lebens, die sich zwar der öffentlichen Debatte entzieht, aber von desto einschneidenderer Bedeutung für unser ganzes Sein ist. Gerade in jenen Betrachtungen über die Ehe, ihre Pflichten, Freuden und Nachteile zeigt sich Busch als der große Lebenskenner, hat er eine vereinfachte Formel für unser Sein gefunden und in das bunte Gewand des Humors gesteckt — der Schalk, mit dem vielsagenden Lächeln. Mit einem stillen, vielsagenden Lächeln sieht er auch den Sensenmann anrücken, hört, wie im Sauseschritt die Zeit läuft, blickt herab auf die kurze Spanne Zeit der Freuden, die uns in dieser närrischen Welt gegeben ist, zeigt uns, wie die Menschen später älter, müder und kälter werden. Und ein leises Ausklingen mancher seiner lustigen Geschichten stimmt uns ernst und nachdenklich, läßt uns aber doch auch wieder lächeln über diese lustige und traurige Welt:

Alles geht zu End' allhier,
Tinte, Feder, Tobak und auch wir.
Zum letztenmal wird eingetunkt,
Dann kommt der große, schwarze ●

So schließt die Kortum-Buschische Jobsiade. Oder in das Geklingel der Narrenschellen des trinkfreudigen, talentlosen „Malers Klecksel" — ein hoffnungsvoller, junger Mann gewöhnt sich leicht das Malen an! — tönen mit einem Mal die ernst bedenklichen Worte, ein memento der Vergänglichkeit:

Hartnäckig weiter fließt die Zeit,
Die Zukunft wird Vergangenheit.
Von einem großen Reservoir
Ins andre fließet Jahr für Jahr.
Und aus den Fluten steigt hervor
Der Menschen buntgemischter Chor,
Sie plätschern traurig oder munter
Ein wenig rum, dann gehn sie unter,
Und werden merklich abgekühlt
Für längre Zeit hinweggespült.

Aber man muß sich gerade bei Busch vor dem Citieren hüten, denn wenn man hier einmal beginnt, so ist man nicht so leicht gewillt, wieder damit aufzuhören, eine solche Fülle von Versen, lustigen Reimereien, schelmischen Sentenzen drängt sich uns auf. Jedes eine ganze Wahrheit. Paul Lindau hat versucht zu erklären, worin die Komik und Eigenart der Buschschen Poesie besteht. Er erwähnt seinen außergewöhnlichen Reichtum an klangmalenden Worten, seine Findigkeit in der Wahl von Namen; erwähnt, wie er oft des Reimes wegen der Grammatik Zwang anthut; er nennt altmodische Wendungen, umständliche Umschreibungen, — das alte, schon von Rabelais angewandte Mittel des grotesken Humors — die Worthäufung und Aufzählung; er führt Beispiele für das deplazierte Pathos an, für überraschend Gegensätzliches, das unter gleicher Kappe vereint wird, „auf dem Antlitz Seelenruhe, an den Füßen milde Schuhe". Er bewundert das Aussinnen und Ausspinnen von Zufällen, die Steigerung komischer Situationen; allen äußerlichen Mitteln seines Humors, der Art seiner Komposition geht er nach. Die Sache im Kern trifft er meines Erachtens nach nicht. Buschs Humor ist angewandte Philosophie. Er besteht darin, daß er die einfachsten Äußerungen des Lebens, die alltäglichsten und niedrigsten Bethätigungen mit den Blicken und Ansprüchen des Philosophen sieht, gerade so, wie uns heute z. B. ein Jerome-Jerome ein kleines geistvolles Essay über Theekochen oder das Einschlagen von

Après quoi, il essaie des charmes d'une mélancolie contemplative.

Abb. 128. Rudolf Toepfer: Monsieur Vieuxbois.

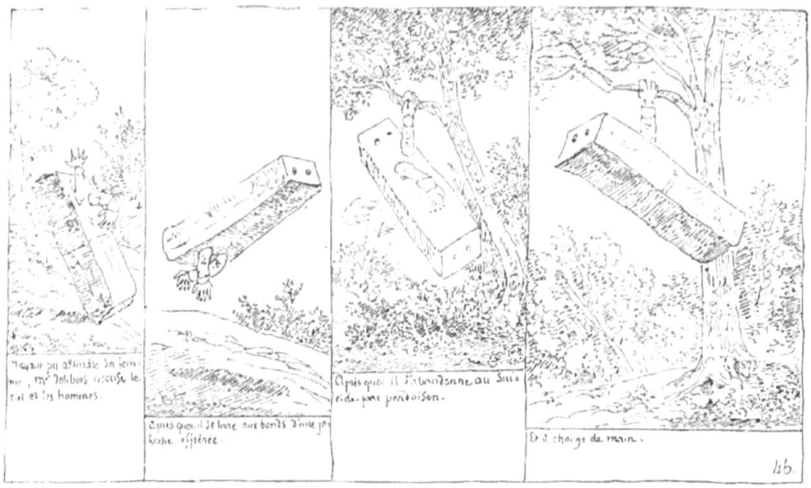

Abb. 129. Rudolf Toepfer: Monsieur Vieuxbois.

Nägeln schreibt und in diesem Kleinsten das gleiche Bild sieht, wie die Künstler des Gedankens in den größten und tiefsten Verrichtungen der Menschen und des Menschengeistes. Buschs Humor besteht — abgesehen von der Komik in den Fabeln seiner Bildererzählungen — darin, daß er in dieser kleinen, lächerlich trivialen Welt Ausblicke auf das große Sein, das große, rauschende Leben des Kosmos uns öffnet. Daß er bei einer Ohrfeige materialistisch über Kraftverwandlung, bei einem Maulwurf über Leben und Tod philosophiert, daß er in Kinderstreichen das Gute und Böse sieht und bei Hunden Hinweise auf Erziehungsfrage bietet. Buschs Humor ist die reife Lebensanschauung, übertragen auf den Alltag. Und Buschs Humor ist pessimistischer Humor, denn Busch ist Schopenhauerianer. Aber nicht ganz und gar. In ihm kämpfen zwei Weltanschauungen, die von der großen Lebensverachtung, von der Nichtigkeit des Seins, von der Vergänglichkeit, von der Zeit, welche nur gebärt, um wieder zu zertrümmern, und die von der Lebensfreude, von der ruhigen Seßhaftigkeit, des Sicheinrichtens in dieser Welt, so gut es geht. Aus dem Widerstreit der Gefühle heraus entsteht der Humor, von dem schon Heine sagt, daß er die „lachende Thräne" im Wappen führt.

Busch ist im Jahre 1832 zu Wiesendahl im Hannöverschen geboren und hat die größte Zeit seines Lebens in seinem Heimatsort zugebracht, wo er noch heute, unverheiratet, bei seiner Schwester haust, ein stiller, behäbiger Mann; in Freundschaft mit den guten und besten Werken seiner Zeit; wenn es ihm einmal zu einsam wird, so bringt ihn die Bahn nach dem benachbarten Kassel, und dort findet er von

Abb. 130. W. Busch: Aus „Plisch und Plum."
(Fr. Bassermannsche Verlagshandlung, München.)

Abb. 131. Busch. Gemalt von Lenbach, radiert von Wilhelm Hecht.
Aus „Nord und Süd“, Verlag der Schlesischen Buchdruckerei und Verlagsanstalt
(vorm. S. Schottlaender) Breslau.

neuem Freude und Anregung an seinen Lieblingen, den Holländern. Trotzdem Busch in den letzten Jahrzehnten nur wenig geschaffen hat, ist sein Werk doch reich und umfänglich. Er ist in seinen „Bilderbogen“ (Braun & Schneider), sowie in dem „Humoristischen Hausschatz“ (Bassermann, München), ebenso wie in den Kinderschriften „Max und Moritz“, „Hans Huckebein, der Unglücksrabe“ u. s. f. in aller Händen.

Buschs Humor ist, ich sagte es schon, der des Niederdeutschen. Es geht bei ihm oft derb zu, sein Lachen ist breit und voll. Seine Menschen sind äußerlichen, schmerzhaften Unannehmlichkeiten ausgesetzt. Blut muß fließen dabei, und wie böse Buben oder das harte Schicksal seinen Helden mitspielen, das ist oft von einer raffinierten Grausamkeit und Verzerrung. Was seinen Helden alles zustößt, in welche peinliche Situationen sie gebracht werden, wie leicht bei ihm Dinge umstürzen, zerbrechen, Menschen fallen, andere mit sich reißen, ist tragikomisch; zum Schluß spielt sich oft ein ganzes Feuerwerk von Beziehungen, ein allgemeines Durcheinander ab. Die Freude an der Verwirrung ist Busch eigentümlich: sie begleitet ihn von seinen ersten Werken bis zu seinen letzten. Aber nie wirkt er hierin peinlich. Stets ist der Humor des Wortes erlösend, man sagt sich: es ist ja doch nur ein Scherz. „Luft im Laub und Wind im Rohr, und alles ist zerstoben.“ In seinen frühen Werken ist sich Busch noch nicht der ganzen Tragweite seiner Kunst bewußt. Es sind geistvolle, witzige Bilderfolgen; in der Zeichnung oft besser wie im Vers. Erst später schreibt er, wenn ich es so nennen

„Erstens, Geliebte, ist es nicht so!

Oh, die Tugend ist nirgendwo!

Das machet, drittens die böse Zeit.
Man höret nicht auf die Geistlichkeit.

Zweitens, das Laster dahingegen

Uebt man mit Freuden allerwegen.

Wehehe, denen, die dazu raten;

Sie müssen all in der Hölle braten!

Wie kommt das nur? So hör ich fragen.
Oh, Geliebte, ich will es Euch sagen.

Zermalmet sie! Zermalmet sie!
Nicht eher wird es anders allhie.

Abb. 132—137. Wilhelm Busch: Aus „Bilder zur Jobsiade".
(Fr. Bassermannsche Verlagshandlung, München.)

Aber Geduld, geliebte Freunde!

Sanftmütigkeit ziert die Gemeinde!"

Stieg er herab und war sehr froh.

Abb. 138 und 139. Wilhelm Busch: Aus „Bilder zur Jobsiade".
(Fr. Bassermannsche Verlagshandlung, München.)

darf, seine philosophischen Abhandlungen: die Knopp-Trilogie, Maler Klecksel — während sich in „Balduin Bählamm" ein decrescendo bemerkbar macht. Wäre Busch uns nicht so in Fleisch und Blut übergegangen, es würde wohl Pflicht sein, hier auf diese Werke einzugehen, es ließe sich hierbei wohl leicht ein Anfang — schwer aber ein Ende finden; und darum wollen wir hier nur noch seiner zeichnerischen Bedeutung gerecht werden. Busch ist der Schöpfer der modernen Karikatur, mit ihm beginnt der Stil, der Humor der Linie. Wie in kräftig-persönlichen Zügen einer Handschrift, schreibt er für die Holzschnittmanier fest und sicher die Menschen in ihrer Eigenart hin. Eine individuelle Technik, nur geeignet zu humoristischer Darstellung — eigene, vereinfachte Mittel für den eigenen Zweck. Und was mit diesen einfachen Mitteln gegeben werden kann, ist erstaunlich. Wenn ein Junge mit einer Peitsche schlägt, so ist die ganze Figur Bewegung, jeder Zoll des Kör-

Abb. 140. Busch: Der Virtuos. „Silentium!"
(Verlag von Braun & Schneider in München.)

Abb. 141. W. Busch: Der Virtuos. „Scherzo.“
(Verlag von Braun & Schneider in München.)

pers schlägt mit — jede Linie scheint sich fortzusetzen in die geschwungene Peitschenschnur. Welch einen unglaublichen Reichtum an Affekten — wie sich dieselben in Stellung und Gesicht aussprechen —, zeigt er, wenn er irgend eine Person handelnd darstellt und diese Handlung nun in eine Fülle von Einzelheiten zerlegt. So der Brief der frommen Helene an den lieben Vetter Franz, so die Predigt des Hieronymus Jobs (Abb. 132—139) (nebenbei in ihren Einzelheiten eine freie Erfindung des Bearbeiters). In dem ganzen Kreis der Gefühlsäußerungen, vom starrsten Schreck — welcher Menschen nur in ein Spiel geschwungener Linien verwandelt — bis herab zum feinen, kaum merklichen Schmunzeln, ist ihm nicht eine fremd. Er spielt damit wie der Virtuose auf seinem Instrument. Oder kann man sich eine bessere Charakteristik vorstellen (Abb. 130), wie die aus „Plisch und Plum“:

Keine Antwort geben sie,
Sondern machen bloß hi, hi!
Während er, der leise pfiff,
Wiederum das Wort ergriff.

Köstlich ist diese völlige, geistige Überlegenheit des Lehrers — der abwartend mit den Fingern trommelt —, und köstlich dies spitzbübische Lächeln bei den Jungen, in das sich doch schon ein gewisses Gefühl von Angst vor der Überlegenheit des dicken, pfeifenden Herrn mischt! Ja, Busch spielt mit seinen Affekten wie der Virtuose auf seinem Instrument, wir sind die Zuhörer — und er bringt uns dorthin, wo er uns haben will. Bei seinem Scherzo (Abb. 141) hüpfen wir — gleich jenem — wie elektrisiert vom Stuhl und lächeln, bei seinem Capriccioso (Abb. 142) winden wir uns in schnörkeligen Verdrehungen, bei seinem Adagio schneiden wir mit ihm lächerlich gerührte Gesichter, bei seinem Fortissimo (Abb. 143) treten uns vor Staunen die Augen aus den Höhlen, und zum Schluß klatschen auch wir Bravo, Bravissimo (Abb. 144). Von den Werken der früheren Epoche Buschs ist „Hans Huckebein, der Unglücksrabe“ mir das liebste. „Ein monströses Vieh, wie ein böser Traum.“ Von späteren ziehe ich einzelnes aus den „Haarbeuteln“ (der Undankbare, der Silen), „Plisch und Plum“, „Die Knopp-Trilogie“ und den „Maler Klecksel“ den übrigen vor.

Busch ist eine Weltberühmtheit, seine Werke sind in viele Sprachen übersetzt und haben eine große Zahl von Auflagen

Abb. 142. W. Busch: Der Virtuos. „Capriccioso.“
(Verlag von Braun & Schneider in München.)

Abb. 143. W. Busch: Der Virtuos. „Fortissimo vivacissimo.“
(Verlag von Braun & Schneider in München.)

erlebt. In der einfachen Ausdrucksfähigkeit seiner Zeichnung findet er in Alt-Europa nicht seinesgleichen. Nicht einmal bei den — von ihm so geliebten — Holländern. Es mag eigentümlich klingen, aber die einzigen Künstler, welche ich mit Busch vergleichen könnte, sind die japanischen Zeichner. Keine äußerlichen Merkmale wie bei manchen Modernen — welche die Technik übernommen haben — verbinden sie; aber sie haben bei aller äußerlichen Verschiedenheit, eine innerliche Verwandtschaft, einen Impressionismus der Kunst und des Striches. Von allen deutschen Zeichnern und Humoristen des Jahrhunderts, all denen, welche für unser Gebiet geschaffen haben, gebührt Busch die erste Stelle, als der künstlerisch und geistig stärksten Potenz. Auch die hervorragendsten anderen Künstler haben in der Karikatur nur ihre Zeit mit dem Brennspiegel beleuchtet. Busch ist der erste und einzige, der uns in seiner Kunst karikaturistisch die Kommentare gegeben hat — zum Leben des homo sapiens, wie er ist, war und sein wird.

* * *

Mit dem Beginn der neunziger Jahre regte sich allenthalben Neues in der Kunst — und damit auch in der Karikatur. Man war müde des Gebotenen, denn man empfand, daß es nicht mit der Zeit Schritt gehalten. Es trat ein Bruch der Generationen ein. Die Jungen fühlten sich verlassen, das Alte gab ihnen nichts mehr; aber vorerst hatten die Jungen nichts als ihr Streben und ihre Sehnsucht. Bedrängt von den inneren und äußeren Werten des Lebens, schrieen sie nach Entlastung. Sie wollten dem Sein mehr Form und Inhalt geben, wie vordem, sie wollten nicht mehr oberflächlich spielen mit dem Leben, sondern sich in seine Mysterien versenken. Das graue, soziale Beieinander und Gegeneinander — das zugleich anlockte und abstieß — fand seinen Gegenpol im Labyrinth der Brust, in Träumen von junger Farbenschönheit, im Einspinnen in eine Welt, in der andere Gesetze walteten, andere

Abb. 144. W. Busch: Der Virtuos. „Bravo, Bravissimo . . .“
(Verlag von Braun & Schneider in München.)

Abb. 145. Th. Th. Heine: Aus d'Aubecq „Die Barrisons."

Wesen wandelten. Sie wurden sensibel, die Jungen; nach außen wie nach innen wollten sie vordringen. Alles wollten sie umspannen, alles sollte das Ihre werden, ihnen den süßen Rausch der Kunst gewähren — ihre Schmerzen, wie ihre Wonnen, ihr grauer Alltag, wie ihre hellen Sommernächte. Und doch war auch etwas von Kampf in den jungen Herzen, und von Selbstüberhebung, wie sie der Kampf mit sich bringt. Erst fielen Worte, dann Thaten.

Man versenkte sich in das Wesen des Kunstwerks und seiner Wirkung, man lernte in dem simplen Naturausschnitt das abgeschlossene Bild erkennen, lernte noch einmal zeichnen, nicht im akademischen Sinne der kalligraphisch-schönen Linie, sondern im Sinne der Japaner, in genauester Beobachtung des Wesentlichen in Form und Bewegung, in organischem Zusammenhang — und doch vereinfachend, stilisierend — mit einem Hang zur monumentalen Auffassung; man lernte auch auf neue Art sehen. Das Auge wurde empfindlich selbst

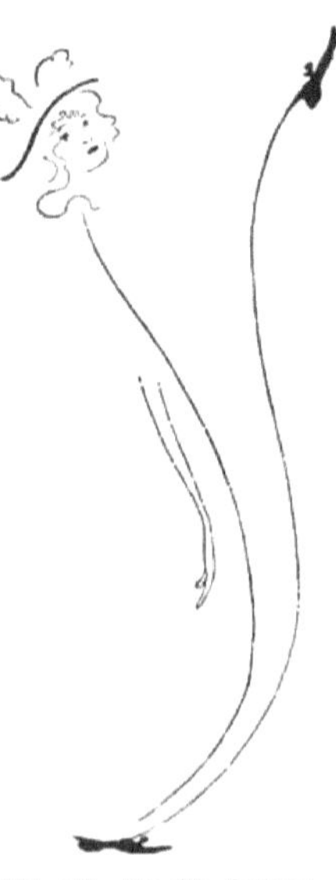

Abb. 146. Th. Th. Heine: Aus d'Aubecq „Die Barrisons."

Abb. 147. Th. Th. Heine: Aus d'Aubecq „Die Barrisons."

für die feineren Intervallen des Tones, und man stimmte die Werte vornehmer als früher, — zu deutsch: — man lernte malen, man empfand die Freude an der Farbe. Und zu dem kam noch, daß man der Forderung dekorativer Kunst, des Flächenschmuckes, der Raumverteilung voll bewußt wurde.

Die Schulung in Zeichnung und Farbe wurde eine allgemeine. Verstaubte Regeln hing man an den Nagel: jeder trat als einzelner Kämpfer der Natur gegenüber, sah sie in ihrem ewig wechselnden Spiel der Stimmungen und suchte ihrer Herr zu werden auf seine Weise.

Der Reiz der Stimmung, des Unwägbaren, der Beziehungen der Dinge zu einander eines Dorfes zu seiner landschaftlichen Umgebung, eines Menschen zu seinem Wohnraum — erschloß sich den Jungen. Mit einem Wort: Der Reiz des Miliens. Ebenso wie der Reiz des Unmittelbaren, Unfertigen, Halbempfundenen, Halbverschwiegenen, der Mache — der Reiz der künstlerischen Impression. Wir, die Beschauer, die Außenstehenden lernten bald die persönliche Sprache der Zeichner schätzen, lernten uns freuen an ihrer neuen, eigenartigen Stilistik.

Abb. 148. Th. Th. Heine: Aus d'Aubecq „Die Barrisons." (Verlag von Schuster & Löffler in Berlin.)

All dieses Sehnende, Werdende: Liebe, Abscheu schroffer Persönlichkeiten — sprach sich auch besonders stark in der Karikatur aus. Sie dehnte sich aus, wollte tiefer wie vordem in das politische und soziale Leben Deutschlands eingreifen, und sie gewann an künstlerischem Wert, indem sie

Abb. 149. Heine: Bilder aus dem Familienleben.
„Pfui, Cäsar, schämst du dich nicht, eine so schmutzige Hose in den Mund zu nehmen! . .“
(Verlag von Albert Langen, München.)

sich enger und fester an das Dasein anschmiegte, es reicher und besonders formvollendeter bespiegelte.

Es soll gewiß nicht geleugnet werden: diese junge Bestrebung, welche oft ebenso rücksichtslos wie anspruchsvoll im „Simplicissimus“, in der „Jugend“ und dem gestrandeten „Narrenschiff“ debütierte, die, wenn auch ein wenig verflaut, in den „Lustigen Blättern“ sich bewährt hat, die im „Süddeutschen Postillon“ unter der geschickten Leitung von Eduard Fuchs sich künstlerisch hervorthut — sie hat manchen Fehlgriff gethan, viele zurückgestoßen durch einseitige oder absichtlich verzerrte Betrachtungsweise. Sie muß noch weite Strecken sich unterthan machen, wird noch manche Wandlungen erfahren müssen, noch lange Zeit vieles und viele von sich abstoßen. Aber bei alledem hat sie Gutes geleistet, Neues und Wertvolles geschaffen, in kurzer Lebensdauer eine Anzahl starker Begabungen erweckt.

Schon durch die Neuerung des Druckverfahrens, die Zinkätzung, die Anwendung einiger weniger Farbenplatten u. s. f., wurde der Karikatur eine bisher ungeahnte Größe und Geschlossenheit der Wirkung gegeben. Jetzt hieß es für diese neuen Mittel aus anderen Gesichtspunkten — wie vordem — schaffen. Jetzt mußte Wirkung, Fläche gegen Fläche — und sei es ist erstaunlich, wie schnell sich unser Auge dem angepaßt hat, wie wir dort Rundung, Form, Bewegung sehen, wo nur Linie und Fläche gegeben ist. Zwei andere wichtige Faktoren sind durch diese technischen Neuerungen für die moderne Karikatur hinzugetreten. Dadurch, daß man den Dingen

Abb. 150. Bruno Paul: Mißraten.
„Sie hier? Nun, was ist denn aus Ihnen geworden, lieber Baumann?" — „Ich bin Maler, Herr Rektor."
„Maler!? Ach und Ihr seliger Vater war doch ein so braver, anständiger Mann . . ."
(Simplicissimus, Verlag von Albert Langen in München.)

es auch nur in schwarz und weiß — erzielt werden. Es mußte interessante Fleckenverteilung bedacht, auf Gegensätze komponiert werden.

Die Linie der Kontur gab in kräftiger Betonung mehr als früher, denn ihrer Führung bleibt — da Licht und Schatten jetzt nur untergeordnet zur Geltung kommen — die Modellierung überlassen. Und wieder Farbe gab, lag es auch nahe — das Stoffliche an ihnen zu betonen. Man begann die Musterung der Kleider, sowie ihre rauhe oder glatte Oberfläche, die Struktur von Holz und Stein — soweit es mit den einfachen Mitteln anging — kenntlich zu machen. Und dadurch, daß man auf anderer Seite in einer gewissen Beschränkung nur über wenige Farben ver-

Abb. 151. Rudolf Wilke: Typen von der Waterkant. (Münchener Jugend.)

fügte, wurde man auf das Wichtigste gelenkt: die „Stimmung". Und mit diesem Eindringen der Stimmung vollzieht sich erst die große Umwandlung der Karikatur.

Abb. 152. Rudolf Wilke: Fraktion Schulze. (Münchener Jugend.)

Abb. 153. W. Caspari: Liebe mit Erfolg! Das Rendez-vous. (Münchener Jugend.)

Abb. 154. W. Caspari: Liebe mit Erfolg! Der Kuß. (Münchener Jugend.)

Erst jetzt verstehen wir das Landschaftliche in seiner ganzen Bedeutung, achten auf Intimität und Charakter; erst jetzt erfassen wir ganz den Wert des Intérieurs, erst jetzt beginnt die Karikatur ihre Wesen nicht mehr allein und losgelöst zu geben, sondern legt gleiches Gewicht auf die Sphäre, die Umgebung, in welche ihre Gestalten hineingehören, und welche mit ihnen gleichsam verwachsen sein muß. Erst jetzt schafft die Karikatur in ihrem Sinne „Bilder“. Man könnte am ehesten von einer „dekorativen“ Bildwirkung der „modernen“ Karikatur sprechen.

Die Künstler haben sich schnell für die neuen Techniken eingearbeitet, haben gelernt, zweckdienlich das Zeichenmaterial zu wählen, beginnen mit Tusche und Deckweiß, Feder, Schabpapier und Messer zu arbeiten, wieder die Spritzmanier zu verwenden; schaffen für Konturplatten, Farbplatten und Halbtöne, und versuchen durch

Abb. 155. W. Caspari: Liebe mit Erfolg! Die Schwelle der Ehe. (Münchener Jugend.)

Kombinierung der Verfahren reiche, schillernde Wirkungen zu erzielen. Mit dem Vollbewußtsein der Künstler — Neues

Abb. 156. E. Neumann: Dienstmänner. (Verlag der Lustigen Blätter in Berlin.)

sagen zu können, erweitert die Karikatur ihre Kreise, gewinnt an Ausdehnung, wie an Tiefe.

Die engeren Kreise des Humors von vordem konnten nur einen geringeren Typenreichtum aufweisen, sie hatten stets noch etwas von Schablone, weil ihnen ernstes Naturstudium und damit die letzte Fähigkeit der Variation fehlte. Die soziale Karikatur aber — welche gleichmäßig alle Gesellschaftsschichten umfaßt, hoch wie niedrig, — hat uns einen ungeahnten Typenreichtum erschlossen. Die soziale Karikatur zieht auch wieder eine ganze Kette von Neueroberungen nach sich.

Mit dem intimeren Studium der Technik muß Hand in Hand eine schärfere Bespiegelung der wechselnden Moden in der Kleidung gehen, und diese wird noch besonders durch den Farbendruck begünstigt.

Mit dem intimeren Studium der Typen vereint sich zu geschlossener Wirkung nun die genaueste Kenntnis der Lebensbedingungen, all jener Stilunterschiede in Wohnung und Umgebung, der flüchtigen Stimmung in Landschaft und Straßenbild.

Abb. 157. B. Wilke: Engländer. „Ich finde, das Turnen der Deutschen ist kein Sport, es ist eine Gemütskrankheit . .“ (Simplicissimus, München.)

Nicht nur unsere Thätigkeit, unser „äußeres“ Leben, findet so seinen Widerhall in der modernen Karikatur, auch unser „inneres“ Leben, unsere Geschmacksrichtungen in der Kunst, unsere Vorliebe für das Landschaftliche verkörpern sich hier. Die ganze Sensibilität der Nerven einer Decadence findet hier ihren Ausdruck, und sei es auch nur im Fluß abstrakter Linien, ja man möchte fast sagen, daß die verschiedensten litterarischen Richtungen sich hier wiederfinden. In Heine z. B. die Unerbittlichkeit der Norweger und ihre glühend eigenartige Phantastik, in Baluschek etwas vom Berliner Vorstadtroman u. s. f. Am auffallendsten aber ist das wunderbare Verständnis einiger moderner Zeichner für die Biedermaierzeit — jene Zeit der Romantik, der wir uns heute wieder litterarisch so nähern, mit dem Zurückgehen auf Anfängliches in der Kunst, der Vorliebe für das Märchenhafte, der fast übergroßen Empfindsamkeit der Natur gegenüber, dem Winkelig-Bizarren im altertümlichen Stadtbild.

Über das Wesen der modernen, deutschen Karikatur, wie ihrer Hauptkünstler, ist einiges von Johannes Schlaf, Franz Servaes und dem Verfasser geschrieben worden. Sie haben in breiterer Ausführung versucht, diese Errungenschaften zu werten. Die moderne Karikatur schafft an zwei Centren, München und Berlin. München mit „Jugend“, „Simplicissimus“, „Süddeutschem Postillon“, Berlin mit dem gescheiterten „Narrenschiff“, dem auch nur kurzlebigen „Münchhausen“ und dem illustrativ tüchtigen Organ der „Lustigen Blätter“. Aber die wirkliche Berliner Karikatur, welche heute mit einem Schlage hervorzuzaubern wäre, und für die genug lebensfähige Ansätze sich in den letzten Jahren schon gezeigt haben, sie hat auch heute wieder keine Stätte zur Entfaltung, und so müssen wir Berliner — wie ehemals aus den „Fliegenden“ — wieder von München her eine künstlerische Nahrung in uns aufnehmen, welche uns doch nie und nimmer Brot werden kann. Der Einfluß, den diese Münchener Blätter auf die gesamte deutsche Karikatur und das Illustrationswesen in Deutschland geübt haben, wird ihnen immer zum Ruhm gereichen, — wenn auch vielleicht einmal die Zeit kommen wird, wo sie als Organe abgewirtschaftet haben werden. Von der „Jugend“ ist dies weniger bald zu erwarten, denn sie ist nicht so einseitig tendenziös — man möchte sagen — so fortschrittlich

Abb. 158. E. Thöny: Der Leutnant. „Reich bin ich jrade nich, aber blödsinnig bejütert ...“
(Albert Langen, München.)

Abb. 159. Wilhelm Schulz: Die Sippe.
(Simplicissimus, München.)

Abb. 160. Arpad Schmidhammer: Zu „Der Neue Plutarch“. Goethe und Fräulein von Göchhausen. (Münchener Jugend.)

Abb. 161. Arpad Schmidhammer: Zu „Der Neue Plutarch“. Schiller und Goethe. (Münchener Jugend.)

reaktionär — wie der „Simplicissimus“, in dem sich, ganz abgesehen von der manchmal unliebsamen, nicht immer unanfechtbaren Tendenz, in letzter Zeit bei den gewiß hochbefähigten Zeichnern eine gewisse Erstarrung bemerkbar macht. Die künstlerische Eigenart mancher ist drauf und dran, Manier zu werden.

Aber dieser augenblicklich etwas schiefe Stand der Dinge hindert — bei aller gegensätzlichen Stellung! — in keiner Weise, anzuerkennen, was uns bisher von München aus, rein künstlerisch, geboten worden ist. Vor allen Th. Th. Heine: er ist als moderner Zeichner auch für all die, welche er durch seine Bitterkeit gegen sich hat, eine interessante Erscheinung und kann in künstlerischer Potenz nur mit Oberländer und Busch zusammen genannt werden. Zweifellos ist er am Studium der Japaner und an dem englischer Stilisten, — besonders des genialen, so früh verstorbenen Schwarz-Weiß-Künstlers Aubrey Beardsley — erstarkt. Aber Heine hat

Abb. 162. Eugen Kirchner: „Faß' Moritzche an, geht vor und rechnet ein Bißchen zusammen . . “ Fliegende Blätter, München.)

eine vollkommene eigene Sprache der Stiftführung gefunden und hat es verstanden, das Leben in seiner ganzen Vielgestaltigkeit in seine herben Linien zu pressen. Er hat einen wunderbar scharfen Blick für das Charakteristische an Menschen, Dingen, Landschaft und Kunstepochen: und er stellt alles hin, hart wie in Stein geschnitten. Zu Heines Sinn für kleine und feine Eigenarten und Merkmale der Gesellschaftsstände und Rassen kommt noch das eingehende Verständnis für das passende Milieu, die passende Umgebung hinzu, — ein Verständnis, das mit seinem ganzen Scharfblick geradezu einer geistigen Analyse gleich kommt. Immer wieder wird man bei Heine erstaunen über die Einfachheit des Vortrages, das Feste, die Sicherheit, wie über die Vielfältigkeit in der Darstellung von Gemütsbewegungen jeder Art, von einfachen bis zu feineren, komplicierteren, auch dann, wenn man sich selbst mit seiner Richtung nicht befreunden kann, ja, derselben schroff gegenübersteht.

Aber diesem tiefen Eindringen, dieser scharfen, oft unerfreulichen Erkenntnis des Realen gegenüber steht bei Heine eine märchenhafte, glühend eigenartige Phantastik, mit Fabelwesen, Höllenherrschern, Drachen und Schrecken, Ausgeburten einer überregten Einbildungskraft; und seiner ätzenden Satire gegenüber, die ihm so viele Feinde geschaffen, steht bei Heine eine Sehnsucht nach Schönheit der Form und Linie, ein Sinn für Anmut und Vornehmheit.

Auch in der Ornamentik, im Buchschmuck hat Heine eine eigenartige Linienkarikatur geschaffen, und das Werkchen: Die Barrisons von Aubecq (Lindner) war für uns im gewissen Sinne bahnbrechend (Abb. 145—148). Heines Weltanschauung ist die Karikatur, und so hat er auch das Plakat ihr unterthan gemacht, ja, er wählt selbst für seine Bilder karikaturistische Vorwürfe. Er hat sich an alle Gesellschaftsschichten mit seiner stets bissigen Kritik gewagt. Bleibend werden wohl die „Bilder aus dem Familienleben" sein (Abb. 149 u. Einschaltbild zw. S. 120 u. 121). Sie sind im letzten Grunde noch diktiert von den Gefühlen des Abscheus, die der Künstlergeist vor den kleinen Kreisen, der Roheit und Engherzigkeit der Philister hat, und es steckt

Abb. 163. Anonyme Karikatur auf die Frauenemancipation.
(Süddeutscher Postillon, München.)

in ihnen ein Stück modernster Philosophie. Was aber an den Dingen seinerzeit so überraschend wirkte, war das Stilgefühl, das feine Abstimmen der Intérieurs und das Hineinpassen der Menschen in ihre Umgebung. So tief war man vordem noch nicht in die Äußerungen des Lebens eingedrungen; es war bei aller absichtlichen Verfärbung doch mehr Wirklichkeit, mehr Sehen und Erfassen in den Dingen, und weniger Grübeln und Sentiments über sie, wie vordem.

Etwas von unserer modernen Ruhelosigkeit, der Gehetztheit, der Zerrissenheit, Unzufriedenheit ist in Heines Welt, wie etwas von den starren Linien, welche uns erst die Maschine gegeben, in seiner Zeichnung. Und dem gegenüber scheint sein reiches Verständnis, das er dem nervösen, perversen Rokoko, dem wohlanstän-

Abb. 164. Hans Baluschek: „Er und Sie.“ (Narrenschiff, Berlin.)

digen, glatt-langweiligen Empire, dem müden Ausklingen alter Schönheitsstile entgegenbringt — wie ein leiser Spott, wie ein absichtliches Zurückflüchten. Aber gerade in jenem halb spöttischen Zurückflüchten lebt sich sein inniger Schönheitskult aus, da schwelgt er in Linien, da berauscht er sich am zarten Duft müder, verblaßter Farben. Ich mag begreifen, daß man nicht ein Freund Heines sein kann, auch daß man kein Verständnis für das dekorative Streben seiner Kunst offenbart, aber man mag denken über ihn wie man will, dem Reiz der Persönlichkeit wird man sich nicht verschließen können.

Das Gleiche gilt von Bruno Paul. Auch die Tendenz seiner Kunst mag man verdammen und in ihr nur Verderbliches sehen, seine Künstlerschaft steht auf einem anderen Felde. Heine ist Meister in der Führung der Linie, Paul in der Anordnung der Fläche. Er vereinfacht im Plakatstil und erzielt in manchen Blättern Wirkungen von gewaltiger Kraft. Paul scheut im Gegensatz zu Heine nicht vor Übertreibung zurück, er ist vielleicht in der Tendenz noch herber wie sein Vorgänger, noch ernster, großzügiger. Er haßt geradezu die Menschen; in seiner Betrachtungsweise liegt etwas von Verachtung. Aber mit dieser grotesken Satire vermischen sich zu eigenartiger Wirkung künstlerische Qualitäten von hoher Schönheit: ein Zeichnenkönnen, ein malerischer Sinn, ein Liniengefühl, herb, hart, ernst, wie seine ganze Betrachtungsweise. Paul ist derjenige von den Künstlern, der am meisten Stil besitzt, am tiefsten empfindet, und auch in seinen Schmerzen walten Schönheit und Größe. Paul ist ehern, unerbittlich, schwerfällig; nicht leicht beweglich wie Heine, nicht geistreich wie jener; wenn jener manchmal lächelt, vielsagend spöttisch, so lacht Paul bitter und anklagend, lacht aus Haß. In Pauls Welt fällt kein Hoffnungsschimmer, kein Kinderlachen, kein Sonnenblick; selbst die Kinder sind kleine, arme Proletarierwürmer, dickköpfige Tiere mit bösen Augen wie Gnomen, denen ihre Laufbahn vorgeschrieben ist, und die schon frühzeitig alle Laster, bis herab zum Alkoholismus kennen lernen. Pauls Arbeiter sind geistlose Maschinen, in Menschenform aufgestapelte Energien, roh, massig, — mit Riesenpranken und Füßen von x Quadratmetern Fläche. — Seine ganze mitleidslose Kunst ist wie die Wilkes ein Zurückflüchten, eine Verteidigung ihrer leicht verletzlichen Seelen vor dieser unerbittlichen Welt, die ihnen täglich mit ihren rohen Bildern breite, blutende Wunden schlägt.

Wilke ist Paul verwandt, doch etwas beweglicher, geistiger. Auch er übt eine herbe Kritik, ist voll Bitterkeit und Verachtung. Seiner Karikatur fehlt absichtlich jede äußere Schönheit, seine Typen sind unerfreulich, von mürrischer Häßlichkeit. Aber trotz dieser Häßlichkeit ist er von überraschend scharfer Charakteristik. Wie Wilke als Mensch etwas weicher ist, als Paul, so ist er auch als Künstler ein wenig intimer. Seine Kunst hat nicht das ewige forte des Gefühles. Wilkes Art zu sehen ist vielleicht noch malerischer, als die seines Vorgängers, und wie er die Dinge in den Raum einfügt, wie er stets eine abgerundete Bildwirkung erzielt, ist von äußerster Feinsinnigkeit; zu all dem kommt noch sein starkes, eigenartiges zeichnerisches Vermögen. Geben die beiden Proben aus der „Jugend" mehr Beweise seines malerischen Sinnes, so ist der „Engländer" (Abb. 157) ein Beweis für sein eminentes, zeichnerisches Können, sein eingehendes Naturstudium. Wie viel Formverständnis steckt hier in dieser harten, breiten Linie. Seiner Zeit erschien diese Zeichnung neben einer Einzelfigur Thönys, und der geistvolle Thöny erschien daneben flau und unfähig. Wenn wir auch Wilke geistig nicht unter die ersten der Fin de siècle-Karikaturisten rechnen können, so verdient er künstlerisch diese Stelle. Zu den eigentlichen Karikaturisten müssen wir auch noch **Walter Caspari** rechnen, den wir hier nur als Schöpfer witzigen Buchschmuckes (Abb. 153—155) betrachten wollen.

Abb. 165. K. Schnebel: Der Gast. (Verlag der Lustigen Blätter, Berlin.)

Er ist ein feines, zartes Talent, überaus zierlich in seiner beabsichtigten Naivität. Er hat sich in das Empire, den Biedermaierstil, völlig eingelebt, und es ist ihm geglückt, zu einem eigenartigen Stil zu gelangen, dem Stil der Münchener Decadence. Wenn Caspari auch keine gleich kräftige Erscheinung ist, wie seine Vorgänger, so ist er doch ein liebenswürdiges Talent, an dessen schalkhaftem Humor man seine Freude haben kann.

Abb. 166—168. Edmund Edel: Aus der Philharmonie. (Verlag der Lustigen Blätter, Berlin.)

Der stilisierenden Karikatur, welche Wesen und Dinge unter bestimmtem Gesichtswinkel sieht, sie in bestimmte, feste Formen preßt, steht im „Simplicissimus" die eigentliche Gesellschaftsschilderung in Thöny, Heilemann, Reznicek gegenüber. Es ist im Grunde die gleiche Betrachtungsweise, welcher wir schon bei Marold begegnet sind. Nur gesehen aus einer anderen Tendenz, geschaffen mit anderen Mitteln, für andere Vervielfältigungsarten. Die Künstler bemühen sich ein möglichst getreues Abbild von Kleidung, Sitten, Typen der Gegenwart zu geben, bemühen sich, der Psychologie dieser Erscheinungen nachzugehen. Die Tendenz der Gesellschaftsschilderung ist eine schärfere geworden, wie vordem. Und doch steckt unter all dem Spott, all den Angriffen, bei den Zeichnern die Freude an aristokratischen Gestalten und aristokratischen Lebensgewohnheiten. Thönys „Der Leutnant" (Abb. 158) zeigt ein feineres, eingehenderes Verständnis für Uniformen und Offizierstypen, für alle Äußerungen ihrer Lebensführung, als jede frühere Militärkarikatur, übertrifft an psychologischem Verständnis bei weitem die Arbeiten von Nagel oder Schlittgen; aber nicht allein für den Offizier in der Karikatur hat Thöny das erlösende Wort gesprochen, auch noch eine ganze Reihe von Ständen und Kreisen hat er unserer Kunst erobert. Alte, feudale Sektonkel, wie freche, prunkende Kokotten, Dachauer Bauern und Tiroler Naturburschen — ein ganzes Zauberrad voll Typen hat er an uns vorüberziehen lassen, eine nach der anderen, in rascher Folge. Als geistige Macht, als feinsinniger Kulturschilderer muß Thöny anerkannt werden, als Künstler und Zeichner scheint er mir aber vielfach überschätzt; es steckt etwas von Schablone, etwas von Auswendig-Gelernthaben in seiner Technik und Formengebung.

Heilemann ist insofern interessant, daß er eine ganz eigene Gesellschaftssphäre karikaturistisch beleuchtet. Den Deutsch-Amerikaner mit seiner hageren, langen Eleganz und seiner blasierten Regungslosigkeit in dem hübschen, langweiligen Gesicht. Vor allem treffliche Kleiderstöcke, stets nach neuester Mode behangen; ja Heilemanns Damen haftet sogar etwas vom Typus „Modejournal" an. Heilemann lebt in Berlin, und die Modelle für seine Kunst haben sich in letzter Zeit hier bedenklich vermehrt, so daß seine Karikatur für uns nicht ohne Bedeutung ist. Er ist vielleicht auch der raffinierteste Zeichner dieser Gruppe, aber seine Kunst läßt den Beschauer vollends kalt.

Reznicek zeigt den Einfluß, den die Wiener Mode auf Süddeutschland ausübt, und besitzt etwas Leichtgeschürztes, eine gewisse bestechende Grazie, die uns an das „Brettl" gemahnt, chic, liebenswürdig und oberflächlich.

Hier möchten wir auch gleich E. Neumanns gedenken, von dem wir eine Arbeit aus den „Lustigen Blättern" (Abb. 156) bringen. Weil Neumann nichts Augenbestechendes besitzt, wird er weniger geschätzt, und doch bietet er uns technisch, sowie in seiner vor-

Th. Th. Heine: Bilder aus dem Familienleben. „Papa, was willst Du eigentlich 'mal werden?"

(Albert Langen, München.)

Abb. 169. L. Feininger: Hohenlohe und Chronos (bezüglich der Aufhebung des Vereinsgesetzes).
(Ulk, Berlin.)

nehmen Betrachtungsweise reiche, ästhetische Genüsse.

Die Gruppe der Neu-Romantiker mit Eichler, Münzer, Georgi, welche durch die „Jugend" ihre intimen Schöpfungen uns mitteilte, gehört kaum noch in unser Gebiet. In ihr setzen sich die künstlerischen Absichten eines Richter und Schwind fort, wenn auch in anderer Weise, getragen von einem modernen, verfeinerteren Empfindungsleben. In den Neu-Romantikern spiegeln sich die junge, neuerwachende Poesie, das innige Sicheinleben in die Zauber von Wald und Feld, von hellen Mondnächten und stillen Weihern mit weißen Wasserrosen. Sie haben ihr Gegenspiel in der jung-deutschen Lyrik, die in einem Eichendorff, Hölderlin, Mörike heute die ersten Deuter ihres inneren Lebens sieht. Und doch spielt etwas von einer karikaturistischen Betrachtungsweise mit hinein in die Werke unserer Zeichner, ein leiser Anflug von Humor, ein leiser Anflug von Spott über sich selbst, wie ihn stets der Gegensatz im Soll und Haben unseres Lebens ergibt. Aber mit mehr Recht als

Abb. 170. L. Feininger: Eingeregnet. (Narrenrad, Sonderheft des Narrenschiff, Berlin.)

die Vorigen gehört Wilhelm Schulz in unsere Besprechung. Was sich in den Märchenbildern dieses Künstlers ausspricht, hat vordem noch nicht seinesgleichen gefunden. Hier tritt mit einemmale eine neue Linie in das Bild unserer Kunst-Entwickelung. Es ist etwas von dem Volksmärchen, das in Schulz nach bildlicher Gestalt und nach wörtlichem Ausdruck ringt. Nicht der süddeutsche Wald, noch die bizarren Linien in Feld und Berg sind es, nicht Nixen und putzige Kobolde, nicht Dryaden und gute Feen, sondern es ist die öde, kahle Heide in einfacher, trauriger Schönheit; es ist das halbreife, schmächtige Prinzeßlein, das sehnsüchtig in die Weite schaut, es ist der junge, unschuldige, täppisch starke Ritter, der Parzival, der ausreitet, suchend, in die Welt, nur mit ungestilltem Sehnen im Herzen. Schulz ist ein Märchenseher. Die einfachen Dinge des Lebens, ein Mädchen, das seinen Kranz verliert, ein junges Ding, das einen Alten heiraten muß, ein armer Jüngling, der sein Bestes bei einem jungen Weib verliert, all das formt sich ihm um zu Märchenklängen, eint sich mit seiner stillen, großen Naturandacht. Das alte Lüneburg ist seine Heimat, in der Heide erlebt er seine Träume, und die altertümliche, eckige

Abb 171. L. Feininger: Großpapa auf dem Rad. (Narrenrad, Sonderheft des Narrenschiff, Berlin.)

Tracht, wie sie uns in den schnurrigen Holländern der Tulpenzeit begegnet, mit großen Hüten, langen, glockigen Röcken, mit Aufschlägen an den Ärmeln, mit Mühlsteinkrausen — verbindet er zu einer eigenartigen Märchenphantastik mit den Trachten der beginnenden Renaissance. All seine Märchenwesen haben etwas von Karikatur, etwas Scheues, Eckiges, Winkeliges, und wir möchten lachen, wenn wir ihnen im Leben begegnen. Und doch sind sie wieder von einer merkwürdigen Anmut. Jedenfalls ist Schulz eine der eigenartigsten Erscheinungen der Moderne. Auch er besitzt das starke, zeichnerische und malerische Können, eine suggestive Kraft des Vortrages. Er hat auch einige großzügige, soziale Satiren geschaffen, und der „Dreibund wie er ist und werden wird", „Der Krieg vertreibt Handel und Gewerbe" gehören mit zu den gedanklich größten und ernstesten Schöpfungen der Moderne. Manches von Schulz wie die „Heidehochzeit", „Waldmittagszauber", „Die Sippe" muß — so denkt der Verfasser wenigstens — seinen Wert behalten (Abb. 159).

Abb. 172. L. Feininger: Sylvesterspuk. (Narrenschiff, Berlin.)

Unter den Karikaturisten der „Jugend" verdienen Kubinyi mit seinen Variété-Typen und der politische Zeichner Arpad Schmidhammer Erwähnung. Schmidhammer ist witzig und von kräftiger, persönlicher Handschrift. Seine Zeichnungen zum „Neuen Plutarch" (Abb. 160 u. 161) machen uns lachen durch die einfache, energisch-komische Charakteristik. Auch die „Fliegenden Blätter" verfügen über einen Zeichner, welcher in der Art seiner Begabung unter den Künstlern dieses Blattes einzig dastehend ist, und dessen wir erst hier unter den Fin de siècle-Karikaturisten gedenken wollen. Es ist Eugen Kirchner. Kirchner ist kein Satiriker großen Schlages. In den „Fliegenden" möchte ihm auch nicht der Raum für eine solche Bethätigung geboten werden. Aber Kirchner besitzt einen durchaus persönlichen Stil, die Gabe, Studien nach dem Leben in eigener Weise zu verarbeiten, und Typen von individueller Zeichnung bei vorzüglicher Komik der Auffassung zu schaffen. Die beigegebene Illustration ist von so reifem Verständnis der Rasse, von so sicherem Blick für das Lächerliche und zugleich Typische in der Kleidung dieser Mitbürger, ist so voll von der schmunzelnden, witzelnden Behäbigkeit, welche diesen sonnabendlichen Spaziergängen eigen ist, daß wir das Bildchen nicht ohne laute Ausbrüche unserer Lustigkeit in Augenschein nehmen werden. Auch für alle Reize moderner Landschaft ist Kirchner empfänglich. Bei ihm hat sich der Humor noch nicht zur Satire verhärtet, und deshalb ist er eine der wohlthuendsten Erscheinungen unter den modernen Karikaturisten (Abb. 162).

Weniger Beachtung findet das in München erscheinende, sozialistische Witzblatt, der „Süddeutsche Postillon", welches von dem vorzüglichen Karikaturenkenner Eduard Fuchs geleitet wird. Die Zeichner dieses Blattes bleiben meist anonym. Ganz abgesehen von der Tendenz muß zugegeben werden, daß dieses Blatt vielleicht das einzige deutsche Blatt ist, welches in der politischen Karikatur durchweg Stil zeigt, kräftig und großzügig ist in allem, was es gibt. Wir bringen an dieser Stelle nur ein Spottbild (Abb. 163), welches der „Süddeutsche Postillon", anläßlich eines Ausspruchs einer „Genossin" auf dem Parteitage, brachte. Eine der kräftigsten und witzigsten bildlichen Äußerungen über Frauenemanzipation.

„Meggendorfers Humoristische Blätter" mit der Redaktion München und Wien sind auch farbig ausgestattet. Jedoch wirken das glatte Papier und der manchmal etwas langweilige Buntdruck süßlich. Unter den Talenten zweiten Grades, welche in diesem Blatt sich bethätigen, ragen als moderne Erscheinungen Zwintscher und Margarete Ade hervor. Zwintschers Eigenart gedachten wir schon anläßlich Ludwig Richters, mit dem ihn zwar keinerlei äußere Ähnlichkeit, aber doch etwas wie eine innere Verwandtschaft verbindet. Vor fünfzig Jahren wäre vielleicht Zwintscher ein Ludwig Richter geworden — und Richters Kunst hätte nach fünfzig Jahren etwas vom Gewand Zwintschers erhalten. Willi Pastor hat in einem Essay die Eigenart Zwintschers gut getroffen, wenn er auch in dem Werdenden schon einen

Durchlaucht geruhen Allerhöchstdero persönliche Tapferkeit zu zeigen.

Abb. 173. Franz Christoph: Serenissimus auf der Saujagd.
(Narrenschiff, Berlin.)

Abb. 174. J. Jüttner: Dreyfußkarikatur. (Verlag der Lustigen Blätter, Berlin.)

Gewordenen sieht. Die liebenswürdige, bizarre, lustige Margarete Ade ist die einzige Dame, der wir in unserem Buch Erwähnung thun, und es freut uns zugeben zu können, daß ihre Eigenart etwas durchaus Selbständiges besitzt.

Hat die moderne Münchener Karikatur in den letzten Jahren in Deutschland, und wohl auch noch außerhalb des Reiches von sich reden gemacht, so ist die Berliner Karikatur, dank der Indifferenz des Berliners, kaum an ihrem Geburtsort bekannt geworden. Der Versuch, im „Narrenschiff" ein Organ zu gründen, welches typisch für das Leben der Weltstadt am Ende des Jahrhunderts sein sollte, scheiterte, desgleichen der des „Münchhausens"; heute sehen wir erst, was es uns gegeben hat, und wünschten wohl in neuerer, reiferer Form eine Fortsetzung des Unternehmens, mit seinen Vorzügen, aber ohne seine Fehler.

Berlin ist eine Stadt mit ganz eigenem Gepräge, eigener Stimmung, eigenen Geschehnissen. Die Worte Eichlers sind zur Wahrheit geworden; das alte, behäbige Berlin mit Eckenstehern und Weißbierstuben, mit Gardeleutnants, Philosophen und Linden-Stutzern, mit Schauspielerkult und ästhetischen Thees ist verschwunden. Die alten Werte haben sich umgeprägt, aber die neuen sind noch künstlerisch unerschlossen. Gewiß, es erscheinen ja dutzendweise „Berliner" Romane, „Berliner" Skizzen; aber wie wenig treffen meist gerade diese litterarischen Erzeugnisse das heutige Lokalkolorit. Wie triefen sie von falscher Sentimentalität, glauben mit einigen Schlagworten, einem mißverstandenen Jargon alles gethan zu haben. Entweder sehen sie nur die leuchtende, lustige Weltstadt, in der sich die Fremden vergnügen, und in der Berlin von einigen tausend jungen Nichtsthuern und ihrem weiblichen Verkehr repräsentiert wird, oder sie sehen das Ungeheuer „Weltstadt", den schwarzen Sündenpfuhl, in dem die Existenzen versinken. Entweder kennen sie nur die Welt, in der man ißt, trinkt, protzt und spekuliert, heute auf Gummirädern und morgen im „grünen Wagen“ fährt, oder sie schaffen eine sozialistisch-tendenziöse Elendskunst, wo der schwere Tritt der Arbeiterkolonnen hineinschallt in das sich mästende Protzentum der Fabrikbesitzer, die sich von „Blut und Schweiß“ der Lohnsklaven nähren und in „Völlerei“ die Angst vor der Vergeltung zu übertäuben suchen. Wie wenig ist das unser Berlin, die Stätte des Fleißes und des Kampfes! Die Dramen unserer Stadt vollziehen sich anders, schöner, bitterer, oft auch unendlich roher, als diese Herrn sich träumen lassen. Das Malerische der Steinwüste, die großen, einheitlichen Stimmungen in den sauberen Straßenzügen, die eigenartige Melancholie der weiten Armenviertel des Vorstadtringes, das Humoristische, Bitter-Satirische, das Tragische des dortigen Lebens, es ist schärfer, bestimmter im Schnitt, als jene Künstler es erkannt haben. In der bildenden Kunst macht sich fast nur in der Berliner Karikatur eine beginnende Umwertung bemerkbar. —

Der Maler Starbina, dem nachgesagt wird, daß er Berliner Lokalkunst repräsentiere, trägt zuviel von der Lebensanschauung seiner Pariser Lehrmeister hinein, sieht dort Chic und Grazie, delikate, malerische Reize, wo Herbheit der Töne, harte knöcherne Formen vorherrschen. Anders Hans Baluschek. Seine Kunst hat wie jede, die auf Berliner Milieu, Berliner Boden erwachsen, einen durchaus karikaturistischen Grundzug. Baluschek ist der eingehendste Schilderer des Vorstadtrings, der Gegend, in der armselige Zeichen großstädtischer Kultur und eine magere, früh entblätterte Natur — mit verstaubten Bäumen und verbrannten Grasflächen — zusammenprallten, wo halbfertige Neubauten stehen, und auf noch unbebauten Grundstücken Arbeiterfrauen am Nachmittag ihre kleinen, im Sande spielenden Göhren beaufsichtigen. Baluschek schildert den Arbeiter, aber nicht den, welchen die Arbeit geadelt hat, wie den Bergmann Meuniers, sondern den, welchen sie müde und stumpf gemacht hat, hart und roh (Abb. 164). Oder er schildert die Deklassierten, welche abseits stehen und in Hunger und Laster ihr Leben dahinbringen, abgejagt, ruhelos, ohne Aussicht auf Zukunft, nur den Tod vor sich. Und doch liegt es über all diesem Ernst wie der Hauch einer wehmütigen Poesie. Nichts von einer Romantik, scheinbar kein Mitgefühl, und — doch Poesie. Der Typus seines Menschen ist nicht der des eigentlichen Berliners — höchstens die Kinder mögen schon hier geboren sein — sondern der des in den letzten Jahrzehnten eingewanderten Ostdeutschen, jener kulturlosen, harten, arbeitsamen Massen, die uns täglich und täglich mehr zuströmen und der Bewohnerschaft der äußeren Stadt schon einen anderen Typus, eine veränderte Zusammensetzung geben. Baluschek schreitet stets fort: er wird einmal einer der wenigen Berliner Künstler von kulturhistorischer Bedeutung sein.

Mit der Art seiner Darstellung sich zu befreunden, fällt nicht leicht. Sie ist hart, hölzern, gegensätzlich, bei erster Betrachtung ohne jede intimen Reize. Und doch muß man zugeben, daß gerade sie für das, was sie bespiegelt, die einzig wirksamen Mittel enthält.

Eine gewisse Verwandtschaft mit Baluschek zeigt Karl Schnebel (Abb. 165). Ja, er ist vielleicht noch tendenziöser wie sein Vorgänger, Schnebel ist technisch interessanter, aber geistig und kulturell nicht von gleicher Bedeutung für uns. Doch er möchte sich bei geeigneter Beschäftigung überraschend entwickeln.

Auch Edmund Edel — der, wie Schnebel, vorzüglich Plakatzeichner ist — hat Blätter von echtem Lokalkolorit geschaffen. Er besitzt eine stark satirische Ader und sieht den rassereinen Emporkömmling von Berlin W. in treffender Charakteristik, macht sich geschickt über dessen geheuchelte, künstlerische Interessen, die ihm ebenso wie die raffinierten Abfütterungen zu schalem Lebensgenuß gehören, lustig. Auch Edel möchte an geeigneter Stelle sich entwickelungsfähig zeigen. So brachte er z. B. in den „Lustigen Blättern“ einmal eine Reihe Karikaturen aus dem philharmonischen Konzert, welche zum ersten Male mit gutem Recht die verschiedensten Arten der Berliner Musikenthusiasten — vom Entrepreneur, dem Virtuosen, bis herab zum gestrengen Fachkritiker, zum Anglo-Amerikaner, dem Wunderkind, der blond bemähnten Hochschülerin, welche „selbst nichts kann, aber viel versteht“ — durchhechelten. Drei vorzügliche

Abb. 175. F. Jüttner: Miquel als Little Titch.
(Verlag der Lustigen Blätter, Berlin.)

Zeichnungen des Dirigenten mit der Künstlerlocke und den schönen Händen, für den sämtliche Backfische, von den jüngsten Jahren bis in das höchste Greisenalter schwärmen, haben wir beigegeben. Edels künstlerische Qualitäten halten nicht vollends mit seinen geistigen Schritt, aber auch er wird sich — sobald sich die Berliner Karikatur hebt — reicher entwickeln (Abb. 166—168).

Der erste von den Berliner Zeichnern ist Lionell Feininger; wenn in ihm als einem geborenen Deutsch-Amerikaner auch noch etwas von Yankeetum, Snobbismus, ein Hang zu burlesker Übertreibung steckt, so hat sich in ihm doch ein eigener typisch-berlinischer Stil herausgebildet. Feininger ist jeder Aufgabe gewachsen, er schafft politische Blätter von monumentaler Wirkung in kräftigen Gegensätzen, wie jenes „Hohenlohe und Chronos" aus dem „Ulk", er überstreut ebenso ein Blatt mit lustigen Figürchen, krausen Einfällen einer spielerischen Zeichenkunst, wie in ihm eine ganz eigene Märchenphantastik von zwingender Komik ruht. Für alles, was mit dem modernen Maschinenwesen, mit der Technik, der Schiffahrt in Zusammenhang, hat er ein eingehendes Verständnis; er belebt wie ein Rudyard Kipling alte, dickhalsige Lokomotiven, die mit glühenden Augen durch die Nacht schleichen, merkwürdig geformte Luftschiffe, Tropensegler mit bauschig geschwellter Leinwand und altmodisch verzwickter Takelage, wie moderne, weißgraue Kriegsschiffe, eiserne, feuerspeiende Ungeheuer. Aber das Beste, was er geleistet, hat er doch in der Karikatur des Radfahrers gegeben. Er ist der Psychologe des Rades und des Sportsmannes, des Berufsfahrers, wie des Kilometerfressers, überhaupt all derer, die sich auf der Maschine fortbewegen, er hat diesen modernen Kulturfaktor karikaturistisch gewertet, ebenso wie Nagel den Pferdesport. „Das Narrenrad", eine Sonderpublikation des „Narrenschiffes", hat zu Unrecht wenig Beachtung gefunden. Wie hier das Rad verstanden ist! Es ist keine einfache Maschine aus Stahl, sondern es ist fast wie ein lebendes Wesen gesehen, mit solcher Liebe und Freude, mit solchem Eindringen in alle seine Eigenheiten. Feiningers Satiren auf den sportlichen Stumpfsinn, auf jene eigentlich nutzlose Welt, gehören mit zu den besten Verspottungen dieses ebenso nützlichen, wie in der Uebertreibung unsinnigen Sportes. In ihm steckt ein außerordentliches zeichnerisches Können, ein außerordentliches Formenverständnis. Und gerade, daß seine, in allem so durchaus moderne Begabung nirgends sich in den Dienst irgend einer Tendenz stellt, stets sich ihre freie, rein künstlerische Anschauung bewahrt, läßt uns an ihm eine reine Freude haben (Abb. 169—172).

In Franz Christoph einen sich außergewöhnlich reiche Gaben. Er ist als Künstler vollkommen Autodidakt, hat sich nur durch das Kopieren japanischer Meister gebildet, hat sich einen eigenen Stil der starren Linie geschaffen. Christoph ist noch härter als Heine, verfügt über eine noch bitterere, prägnante Charakteristik. Als früherer

Abb. 176. F. Czabran: Typen vom Rennplatz
(Verlag der Lustigen Blätter, Berlin.)

Schauspieler kommt ihm ein außerordentliches mimisches Vorstellungsvermögen zu Gute, ein sich Einlebenkönnen in das innerste Wesen fremder Charaktere. „Serenissimus auf der Saujagd" ist eine der besten Karikaturen auf altertümelndes Hofschranzentum, eine der stilvollsten und zugleich schärfsten Arbeiten der Moderne (Abb. 173). Christoph verfügt über die schärfste Satire, und in Nebendingen seiner Zeichnungen verbirgt sich oft die bitterste Kritik moderner Zustände.

Die „Lustigen Blätter" sind im Gebiet der modernen Karikatur für Berlin ein halbwegs fortschrittliches Organ. Die meisten der oben erwähnten Zeichner sind in ihnen vertreten. Für die politische Karikatur schaffen Jüttner (Abb. 174, 175), Czabran (Abb. 176), besonders Jüttner versteht es, seinen Aufgaben wirkungsvoll und ganz gerecht zu werden. Auch in Bezug auf die farbige Ausstattung haben in letzter Zeit die „Lustigen Blätter" gute Fortschritte gemacht.

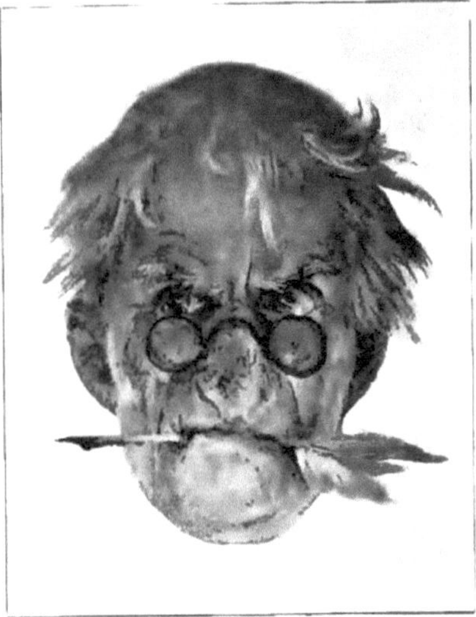

Abb 177. Arnold Böcklin: Kritikermaske. (Basel, Museum. (Phot. Verlagsanstalt Bruckmann, München.)

* * *

Wir haben gesehen, wie von schwankenden, zagen Anfängen die deutsche Karikatur zu echter Eigenart erstarkte, wie der deutsche Humor in reinen Formen den ganzen Reichtum der deutschen Volksseele bespiegelte. Und mag nicht vielleicht der Humor, diese angewandte Lebensphilosophie, ein Grundzug des deutschen Wesens, ja vielleicht

der Grundzug des deutschen Wesens überhaupt sein? Was war unser größter, deutscher Künstler anders, als Humorist? Ja, ist nicht sogar in seiner Kunst stark die karikaturistische Seite ausgesprochen? Die Steinmasken am Museum zu Basel sind fast die einzigen Karikaturen in der Plastik. Böcklin hat uns gezeigt, daß wir uns an den Dingen der Kunst, wie an den Werten des Lebens einfach erfreuen sollen, und nichts ist ihm verhaßter, als der Kritiker, der nüchterne Verstandesmensch, der auf seine Paragraphenästhetik schwört und ohne Freude, ohne inneren Zusammenhang, mit scharfer Feder über Kunst und Künstler herfällt.

* * *

Man hat lange Zeit der Karikatur eine untergeordnete Stelle im Kunstleben zugewiesen. Sehr zu Unrecht. Die Karikatur hat den innigsten Zusammenhang mit dem Leben, folgt jeder Wandlung und Schwankung, und ihre führenden Vertreter stellen stets das fortschrittliche Element dar, sind kühne Vorposten in dem Krieg, den die Kunst mit dem Leben führt; vorwärts dringend eröffnen sie immer neue Gebiete dem ästhetischen Genießen. Ihr Werk verdient um so größere Beachtung, hat um so tiefere Bedeutung, da es naturgemäß durch die Art seiner Verbreitung einer der wirksamsten Faktoren in der allgemeinen künstlerischen Erziehung ist.

Sach- und Namenregister.

Zeitfracht Medien GmbH
Ferdinand-Jühlke-Straße 7
99095 Erfurt, Deutschland
produktsicherheit@kolibri360.de